LOW CARB
Leichter abnehmen

mit Intervallfasten

1. Auflage | falkemedia GmbH & Co. KG

VORWORT

Einfach besser abnehmen
LOW CARB MACHT GLÜCKLICH UND ZUFRIEDEN

Erfolgreiches Abnehmen soll vor allem zwei Dinge bedeuten: **Gesundheit und Wohlbefinden**. Damit dies in deinem Alltag so gelingt, wie du es dir wünschst, haben wir als Expert*innen-Team von lowcarb.de **100 leichte Low Carb-Gerichte** entwickelt – **Essen, das wirklich gut tut**. Es erwarten dich geniale Abnehm-Ideen für deinen ganz normalen Alltag mit Frühstück, Mittagessen und Abendbrot – dazu Snacks, Getränke und Süßes in der gesunden Variante.

Sämtliche Gerichte in diesem Buch enthalten nicht mehr als 25 Gramm Kohlenhydrate pro Portion und sind zudem noch kalorienreduziert. Für **noch effektiveres Abnehmen** haben wir die Rezepte so entwickelt, dass du **Low Carb** ideal mit **Intervallfasten** kombinieren kannst. Die einfachen und schnell gemachten Gerichte bieten dir Entlastung und sorgen für jede Menge **positive Effekte** auf Körper und Seele – ohne Hungergefühl und Jojo-Effekt, aber mit viel Energie für den Tag.

In unseren kompakten Ratgebern beantworten wir dir alle großen Fragen rund ums Abnehmen mit Low Carb und Intervallfasten. Und unsere Extras wie leicht umsetzbare **Ernährungspläne** und ein praktisches **Abnehmtagebuch** unterstützen dich beim Erreichen deiner persönlichen Ziele. Du wirst es schaffen!

Viel Erfolg und Freude beim Kochen und Backen wünscht dir

DEIN  **-TEAM**

INHALT

VORWORT	5
RATGEBER	8
LEICHTER ABNEHMEN MIT INTERVALLFASTEN	96

MIT MAXIMAL 500 KALORIEN — FÜR 16:8

Erste Mahlzeit
Mit viel Power und guter Laune in den Tag starten — 14

Zweite Mahlzeit
Schlemmen und gleichzeitig abnehmen, diese zehn Hauptgerichte machen's möglich — 28

Dritte Mahlzeit
Proteinreiche Low Carb-Gerichte kurbeln die nächtliche Fettverbrennung an — 44

MIT MAXIMAL 250 KALORIEN — FÜR 16:8

Zwischenmahlzeit
Leckere Kleinigkeiten gegen den Heißhunger — 60

Getränke
Schnelle und nährstoffreiche Durstlöscher bringen ordentlich Abwechslung — 72

Süßes
Käsekuchen, Waffeln, Desserts in der Gesund-Variante: Naschen ist hier ausdrücklich erlaubt — 84

102 FRÜHSTÜCK-FASTENTAGE

28 ZWEITE MAHLZEIT

ABNEHMEN MIT LOWCARB.DE
Wie du mit dem Wochenplaner
in der lowcarb.de-App stressfrei
deine persönlichen Ziele erreichst,
erfährst du auf Seite 13

MIT MAXIMAL 250 KALORIEN

FÜR 5:2 & 16:8

Frühstück Fastentage
Diese köstlichen Frühstücksideen machen lange satt
und liefern eine große Portion Energie — 102

Mittag Fastentage
Hier bekommt dein Körper alles, was er braucht:
zwölf leichte Lunch-Rezepte — 118

Abendessen Fastentage
Bekömmliches zum Abendbrot:
Einfach essen, was gut tut — 134

4 WOCHENPLÄNE FÜR 5:2-INTERVALLFASTEN	150
SCHNELLSTART-PLAN FÜR 16:8-INTERVALLFASTEN ZUM SELBSTAUSFÜLLEN	158
VORLAGE ABNEHMTAGEBUCH	160
REZEPTREGISTER	168
IMPRESSUM	170

V – VEGAN
VEG – VEGETARISCH
LAC – LAKTOSEFREI
GLU – GLUTENFREI

381 kcal
So siehst du
die Kalorien-
menge pro
Portion auf
einen Blick

EASY
Unkomplizierte
Rezepte mit
wenigen Zutaten

44
DRITTE MAHLZEIT

118
MITTAG FASTENTAGE

60
ZWISCHEN-
MAHLZEIT

WWW.LOWCARB.DE

Wohlfühlen mit Low Carb

EINFACH ABNEHMEN

Mit lowcarb.de schaffst du es, ohne Verzicht abwechslungsreich und gesund zu essen und deine Ernährung dauerhaft umzustellen. Wir unterstützen dich auf deinem Weg

Low Carb – was heißt das überhaupt?

Das Schoko-Croissant auf dem Weg zur U-Bahn, die Pommes in der Kantine oder das gelegentliche Stück Schokolade aus der Schreibtischschublade. Diese Lebensmittel enthalten reichlich Stärke und Zucker, sogenannte schnell verwertbare Kohlenhydrate. Sie sind es, die den Blutzuckerspiegel rapide nach oben treiben. Das Problem: Um diesen wieder auf Normalniveau zu senken, produziert dein Körper Insulin, ein Hormon, das als Nebeneffekt die Fettverbrennung für mehrere Stunden blockiert. Fällt der Blutzucker anschließend wieder ab, entsteht erneuter Heißhunger. Willst du deine Ernährung auf Low Carb umstellen, bedeutet das, dass du den täglichen Anteil an kohlenhydrathaltigen Lebensmitteln wie Zucker oder Weißmehl-Produkten in deiner Ernährung stark reduzierst.

Wie viele Kohlenhydrate sind sinnvoll?

Täglich sollten maximal 25 Prozent der Energie über Kohlenhydrate aufgenommen werden. Das entspricht 100 Gramm Kohlenhydraten pro Tag, die du idealerweise auf drei Hauptmahlzeiten (jeweils 25 g) und eine Zwischenmahlzeit verteilst. Zum Abnehmen empfehlen wir dir, täglich nicht mehr als 75 g Kohlenhydrate einzuplanen.

Wie erreiche ich mein Wohlfühlgewicht?

Anders als bei vielen einseitigen Diäten, kannst du dich mit Low Carb ausgewogen und gesund ernähren, ohne zu hungern, und gleichzeitig Gewicht verlieren. Wenn du dich an die Low Carb-Regeln hältst, sparst du dir überflüssige Kalorien aus Kohlenhydraten zugunsten von mehr Eiweiß, Gemüse und gesunden Fetten. Und das hilft nachweislich beim Abnehmen. Gib deinem Körper die Zeit, sich umzustellen. Das gelingt am besten, indem du zu Beginn erst einmal nur eine Mahlzeit pro Tag durch Low Carb ersetzt. Am besten probierst du es mittags oder abends aus. So merkst du sicher recht schnell, ob sich dein Organismus schon an die neue Ernährung gewöhnt hat. Wenn du dann so weit bist, kannst du die zweite Stufe beginnen und den Einstieg ins Low Carb-Intervallfasten unternehmen. Wie das geht, erfährst du ab Seite 96.

DIE BESTEN LOW CARB-ALTERNATIVEN

STATT	BESSER
Pasta	Gemüsenudeln
Weißbrot	Cloud Bread
Reis	Blumenkohl- oder Brokkolireis
Kartoffeln	Kohlrabi
Lasagneplatten	Auberginen- oder Zucchinischeiben
Chips	Gemüsechips
Weizenwraps	Salatblätter

Nun geht's los
DEINE TOP-5-ABNEHMHILFEN

Mit diesen fünf Tools führen dich die Profis
vom lowcarb.de-Programm zu deinem Wunschgewicht

1 LOWCARB.DE
Fit, schlank und happy

Du kannst zusätzlich zum Buch das komplette lowcarb.de-Programm online 14 Tage kostenlos testen. Hier erhältst du Ernährungspläne und Rezepte für jeden Esstyp und jedes Ziel, persönliche Rezeptempfehlungen und Motivations-Newsletter, Ernährungsratgeber und Rezeptsammlungen sowie die Unterstützung einer starken Online-Community mit über 450.000 Low Carb-Fans. Das ist Schritt 1 zu deinem persönlichen Wohlfühl-Ziel.

Jetzt 14 Tage kostenlos testen!

2 COACHING
Abnehmfehler vermeiden

Es gibt ein paar Tricks, mit denen du den überschüssigen Pfunden noch einfacher und vor allem gesünder zu Leibe rücken kannst. Wir verraten dir auf den folgenden Seiten die effektivsten Schritte. Außerdem zeigen wir dir, welche Fehler du beim Abnehmen unbedingt vermeiden solltest, beziehungsweise was du machen kannst, wenn dein Abnehm-Vorhaben stockt. So gelingt dir das Abnehmen mit Low Carb noch besser!

3 ERNÄHRUNGS-TAGEBUCH
Selbstwahrnehmung stärken

Unser Abnehmtagebuch hilft dir dabei, Essgewohnheiten zu entdecken, die für deine Ernährungs- oder Gewichtsprobleme mitverantwortlich sein können. Mit den passenden Strategien kannst du dann deine Ernährung verbessern und noch leichter auf Low Carb umsteigen. Mehr dazu auf der nächsten Seite.

4 DEINE ABNEHM-APP
Für einen stressfreien Alltag

Die lowcarb.de-App begleitet dich bei deinem Annehmvorhaben mit immer neuen Rezepten köstlich durch den Tag. Finde unter über 1.000 Low Carb-Gerichten das passende Rezept für Einsteiger*innen, Berufstätige oder die Familienküche und speichere deine Favoriten für deine individuelle Ernährungsplanung. Was die App noch alles kann, um dich zu unterstützen, erfährst du auf Seite 13.

5 LOW CARB & INTERVALLFASTEN
Die Kombination für Gewinner*innen

Doppelte Power für deine Fettverbrennung: Durch Low Carb kann dein Körper besser Fett verbrennen. Und durch Intervallfasten bleibt dieser Modus länger angeschaltet, denn beim sogenannten intermittierenden Fasten wird die Nahrungsaufnahme auf ein bestimmtes Zeitfenster beschränkt. In den übrigen Stunden wird gefastet. Eine Methode, die unter Ernährungsexpert*innen seit Jahren als die beste gilt. Alles, was du zum Einstieg brauchst, findest du ab Seite 96. **PLUS: Alle Rezepte in diesem Buch sind zum Intervallfasten nach der 16:8-Methode geeignet.**

Endlich gesund abnehmen
ERREICHE MEHR

Du hast dich in den letzten Wochen beim Essen wirklich zusammengerissen und trotzdem hat sich die Waage kein bisschen bewegt? lowcarb.de verrät dir die Ernährungsfehler, die Abnehmvorhaben am häufigsten blockieren

DU ISST ZU WENIG KOHLENHYDRATE

Bei Low Carb kommt es darauf an, möglichst wenig Kohlenhydrate zu essen. Wir empfehlen maximal 75 Gramm Kohlenhydrate pro Tag. Deutlich weniger muss und sollte es aber nicht sein, denn dein Organismus braucht ein gewisses Maß an Kohlenhydraten für die Energiegewinnung.
TIPP: Wenn du dich an unsere Ernährungspläne (ab Seite 150) hältst, kann nichts schiefgehen. Denn das gesunde Tageslimit an Kohlenhydraten ist genau berechnet und für eine langfristige Umstellung deiner Essgewohnheiten ausgelegt. Wir setzen ganz bewusst auf gesunde Kohlenhydrate wie Hülsenfrüchte, Beeren, Gemüse und Vollkornprodukte. So hältst du deine Kohlenhydratbilanz so gering, dass du an Gewicht verlierst und dein Körper dennoch genug Energie hat, um reibungslos zu funktionieren.

DEINE PORTIONEN SIND ZU GROSS

Viele Low Carb-Einsteiger*innen laden sich, gerade in der ersten Phase der Umstellung, ganz automatisch größere Portionen auf den Teller. Vor allem, weil die sättigenden Kohlenhydrate fehlen und sie das Gefühl haben, sie müssten dies so ausgleichen.
TIPP: Du kannst das Volumen deiner Mahlzeit auch kalorienarm erhöhen. Und zwar mit reichlich Gemüse und Salat, denn die machen aufgrund der Menge satt. Vor allem geschmacksneutrale Sorten wie Zucchini oder Blumenkohl sind perfekt für die Low Carb-Küche.

DU SCHLÄFST ZU WENIG

Aktuelle Studien zeigen, dass Menschen, die weniger als fünf Stunden pro Nacht schlafen, erhöhte Werte des appetitstimulierenden Hormons Ghrelin aufweisen. Die Folge: Am darauffolgenden Tag werden so durchschnittlich 550 Kalorien mehr aufgenommen. Das entspricht in etwa einem Hamburger mit Pommes.
TIPP: Ein gesundes Schlafklima erleichtert dir das Ein- und Durchschlafen. Trinke vor dem Schlafengehen am besten noch einen halben Liter stilles Wasser, das erhöht den Kalorienverbrauch in der Nacht um bis zu 30 Prozent.

DU HAST ZU VIEL STRESS

In Stresssituationen schüttet dein Körper besonders viel Kortisol aus. Das Stresshormon lässt den Blutzuckerspiegel ansteigen, stoppt die Fettverbrennung und begünstigt stattdessen die Einlagerung von aufgenommener Energie in den Fettdepots der Bauchregion.
TIPP: Um erfolgreich abzunehmen, solltest du dich um ausreichend Entspannung genauso bemühen wie um regelmäßige Bewegung und eine gut geplante Low Carb-Ernährung. Finde heraus, was dir hilft, Stress abzubauen. Sport, Yoga, Lesen oder eine Radtour an der frischen Luft?

DU TRINKST ZU WENIG

Wie viel Wasser trinkst du im Tagesverlauf? Achte mal darauf oder notiere die Menge der nächsten drei Tage in deinem Ernährungstagebuch. Zwei Liter sollten es idealerweise sein. Kohlenhydrate speichern Wasser und dieses fehlt dem Körper, wenn du dich Low Carb ernährst.

TIPP: Versuche, genauer auf deine Körpersignale zu achten. Und auch wenn du Hunger hast, lautet die Devise, immer erst ausreichend Wasser zu trinken und anschließend abzuwarten, ob du wirklich noch Hunger hast.

DU LIEBST ES FRUCHTIG

Ein Apfel am Morgen, ein Obstsalat im Büro statt Kuchen fürs gute Gewissen? Wenn es um Low Carb geht, ist das leider der falsche Weg. Schließlich ist Obst nichts anderes als Fruchtzucker, der eine starke Insulinausschüttung auslöst. Daraufhin sinkt dein Blutzuckerspiegel ab und es kommt zu unkontrollierten Heißhungerattacken.

TIPP: Versuche Früchte nicht als Solo-Snack, sondern immer im Anschluss an eine Mahlzeit aufzunehmen. Das gilt vor allem für Trockenfrüchte, deren Fruchtzuckergehalt durch das fehlende Wasser um ein Vielfaches höher ist.

DU ISST ZU WENIG EIWEISS

Bei Low Carb sollte reichlich Eiweiß auf dem Teller landen, am besten zu jeder Mahlzeit. Schließlich fungieren Aminosäuren aus Eiern, Fleisch oder Fisch als smarte Sattmacher, halten den Blutzuckerspiegel in Schach und verhindern, dass fettverbrennende Muskelmasse abgebaut wird.

TIPP: Wenn du lieber auf Eierspeisen, Fisch, Fleisch oder Geflügel verzichten möchtest, kannst du getrost auf pflanzliche Eiweißquellen setzen. Dazu zählen Nüsse, Haferflocken, Vollkornprodukte, (Chia-)Samen, Pseudogetreide wie Amaranth und sämtliche Hülsenfrüchte wie Bohnen oder Linsen.

DU BEWEGST DICH ZU WENIG

Natürlich kannst du auch ohne größere körperliche Anstrengung oder ein ausgeklügeltes Fitnessprogramm an Gewicht verlieren. Denn ein schlanker Körper wird zu etwa 75 Prozent durch Ernährung geformt und nur zu 25 Prozent durch Bewegung und Sport. Trotzdem sollten diese 25 Prozent einen festen Platz in deinem Alltag finden. Denn Bewegung bringt die Fettverbrennung in Gang, strafft die Muskeln und sorgt dafür, dass du dich besser fühlst, weil Glückshormone ausgeschüttet werden.

TIPP: Nimm jede Treppe statt des Lifts oder fahre mit dem Rad zur Arbeit. Geht es nur mit dem Auto? Ärgere dich ab heute nie mehr, wenn du nicht den nächstgelegenen Parkplatz vor dem Büro oder deinem Zuhause ergatterst. Denn du weißt ja: Jeder Schritt zählt!

Ein schlanker Körper wird zu 75 % durch Ernährung geformt

Sichere dir hier deinen kostenlosen Einstiegsguide mit allen wichtigen Abnehmtipps, Infos über Low Carb, Schritt-für-Schritt-Anleitungen, Lebensmittelliste und 15 gelingsicheren Rezepten für den leichten Einstieg.

WWW.LOWCARB.DE

Bessere Selbstwahrnehmung
ERNÄHRUNGSTAGEBUCH

Warum ein Ernährungstagebuch ein wichtiges Instrument für dich und dein Wohlbefinden ist und wie du es richtig auswertest, erfährst du hier

WAS BRINGT EIN ERNÄHRUNGSTAGEBUCH?

→ Unser Low Carb-Ernährungstagebuch wird dir helfen, deine persönlichen Dickmacher zu entlarven.

→ Du kannst ungünstigen Essgewohnheiten auf die Spur kommen.

→ Du lernst, wie du körperlichen von emotionalem Hunger unterscheiden kannst.

→ Mit den passenden Strategien kannst du deine Ernährung verbessern und noch leichter auf Low Carb umsteigen. Sieh es als einen Vertrag mit dir selbst, dein Ernährungsverhalten zu ändern, gesünder zu essen oder abzunehmen.

Wie funktioniert die Auswertung?

STEP 1: HUNGER/APPETIT?

Nachdem du mindestens drei Wochen lang dein Ernährungstagebuch geführt hast, nimmst du dir an einem ruhigen Tag Zeit für die Auswertung. Mit einem grünen Textmarker kennzeichnest du die Mahlzeiten, die du aus Hunger gegessen hast. Rot wird alles markiert, was du eher aus Appetit beziehungsweise emotionalem Hunger gegessen hast – also aus Frust, Stress oder Langeweile. Auch die Heißhungerattacken markierst du rot. Zähle nun zusammen, welche Mahlzeiten „grün" und „rot" waren, und finde so heraus, was überwiegt. Du siehst jetzt: Deine Gefühlslage ist entscheidend für dein Essverhalten.

STEP 2: GESUND/UNGESUND?

Mit einem gelben Marker kennzeichnest du alle gesunden Mahlzeiten,

Auf Seite 160 findest du eine Vorlage für dein Abnehmtagebuch.

also jene, die mindestens eine Portion Gemüse und/oder Eiweiß enthalten. Mit dem blauen Stift markierst du alle zucker- und kohlenhydratreichen Speisen wie Schokolade, Kuchen, Gebäck, Säfte und Softdrinks. Wenn du dich eigentlich Low Carb ernähren willst, aber die Umstellung noch nicht ganz geklappt hat, markiere alle Low Carb-Lebensmittel gelb und alle anderen blau. Zähle nach, wie sieht das Verhältnis aus? So wird dir viel bewusster, was du eigentlich zu dir nimmst.

STEP 3: HYDRIERT ODER NICHT?

Nun zähle alle Wassergläser, die du an dem jeweiligen Tag getrunken hast. Sechs große Gläser Wasser sollten es mindestens sein.

STEP 4: DEINE ERKENNTNIS

Zum Schluss notierst du, wie zufrieden du mit deinem Essverhalten bist und welche Ratschläge du dir selbst geben würdest. Was hat dich überrascht und was möchtest du ab sofort ändern? Gleiche deine Erkenntnis mit deinen Zielen ab und formuliere sie noch genauer. Versieh sie auch mit einem Datum. Je konkreter, desto besser. So schulst du deine Selbstwahrnehmung.

Dein Low Carb-Wochenplan

Gut geplant
DEINE LOWCARB.DE-APP

Mit dem praktischen Wochenplaner in der lowcarb.de-App kochst du jeden Tag stressfreier, nachhaltiger und vor allem leckerer

Wobei hilft der Wochenplaner in der App?

Du isst oft die gleichen Gerichte? Dir fehlt häufiger eine Rezeptidee? Du möchtest deinen Alltag besser strukturieren und Zeit sparen? Du verfolgst ein Ernährungsziel, weißt aber nicht, wie du anfangen sollst? Der lowcarb.de-Wochenplaner ist deine Lösung!

Deshalb nutzen so viele Menschen Wochenpläne:

Im Alltag bleibt oft wenig Zeit, sich in Ruhe Gedanken über Ernährung zu machen. Das führt zu unkontrolliertem und oft gleichem Einkaufsverhalten, dies wiederum zu einseitiger Kost, zum Wegwerfen von Lebensmitteln und Unzufriedenheit. Plane deine Gerichte, habe einen Überblick über Vorräte und wirklich Benötigtes und schärfe dein Bewusstsein für eine gesunde Abwechslung. Das fördert deinen Abnehmerfolg garantiert.

DAS KANN DIE LOWCARB.DE-APP

✓ Finde in über 1.000 Rezepten deine Lieblinge. Speichere deine Favoriten für deine individuelle Ernährungsplanung.
✓ Vorschläge für die nächste Low Carb-Mahlzeit basierend auf deinen Vorlieben.
✓ Wähle bequem aus fertigen Wochenplänen, die die lowcarb.de-Profis für dich zusammengestellt haben.
✓ Tracke deine tägliche Kohlenhydratzufuhr.
✓ Erstelle Einkaufslisten für einen entspannten Alltag.

MIT PLAN GEHT ALLES BESSER!

→ Iss jeden Tag Gerichte nach deinem Geschmack und entsprechend deiner Ziele.
→ Du probierst auch mal neue Zutaten aus und kannst sie gelingsicher zubereiten.
→ So erlebst du viel mehr Abwechslung, was dich beim Abnehmen motivieren wird.
→ Du sparst richtig viel Geld durch sinnvolles, gezieltes Einkaufen.
→ Du produzierst weniger Lebensmittelabfälle.
→ Du erreichst deine persönlichen Ziele viel einfacher.
→ Du reduzierst deinen Stress.
→ Und der Heißhunger hat keine Chance mehr!

IN NUR 4 SCHRITTEN GEPLANT

→ Rezept auswählen
→ Wochenplan wählen
→ Heute, morgen oder anderen Tag wählen
→ Wochentag festlegen

HIER GEHT'S ZUR APP

Im App Store

Bei Google Play

WWW.LOWCARB.DE

Fit für den Tag
Erste Mahlzeit

DIESE VITAL-HITS BRINGEN DICH GARANTIERT IN SCHWUNG. MIT LEICHT VERDAULICHEN UND NÄHRSTOFFREICHEN LOW CARB-GERICHTEN BEENDEST DU DEINE REGENERATIONSPHASE EINFACH OPTIMAL!

ZUTATEN

5 g KH

- ½ Bund Dill
- 1 rote Paprikaschote
- 1 Schalotte
- 30 g Cornichons
- 12 Eier
- Kräutersalz und Pfeffer
- 1 EL Rapsöl

FÜR 4 PORTIONEN | 30 MIN.

VEG LAC GLU

Omeletts mit Cornichons

PRO PORTION 285 kcal | 22 g E | 19 g F

1 Dill waschen, trocken schütteln und abgezupfte Spitzen hacken. Paprika waschen, entkernen und in Streifen schneiden. Schalotte schälen und fein würfeln. Dann die Cornichons gut abtropfen lassen und in Scheiben schneiden. Eier mit ⅔ des Dills, etwas Kräutersalz und Pfeffer verquirlen.

2 Rapsöl in einer Pfanne erhitzen und Schalotte darin glasig dünsten. Paprika zugeben und kurz mitdünsten. Die Eiermischung in die Pfanne gießen, Cornichons darauf verteilen und alles bei niedriger Hitze stocken lassen. Das Omelett wenden, zu Ende braten, dann in Stücke schneiden und servieren.

• **TIPP** • Wusstest du, dass du Paprikaschoten auch einfrieren kannst? Wasche sie und schneide sie in Stücke. So portioniert, kannst du sie im Tiefkühler länger lagern. Das lohnt sich vor allem, wenn sie gerade im Angebot sind, du aber nicht so viel verarbeiten kannst. Wichtig: Durch das Gefrieren verändern sich die Zellen der Paprika. Sie ist nach dem Auftauen nicht mehr knackig, eignet sich aber perfekt zum Kochen, beispielsweise für ein Omelett oder ein Risotto aus Blumenkohlreis.

FÜR 4 PORTIONEN | 20 MIN. ZZGL. 8 STD. KÜHLZEIT
VEG

Herzhafte Overnight Oats mit Tomaten und Oliven

PRO PORTION | 367 kcal | 13 g E | 28 g F

ZUTATEN — 16 g KH

- 100 g schwarze, entsteinte Oliven
- 1 Gurke
- 300 g Kirschtomaten
- 30 g Vollkornhaferflocken
- 70 g Sojaflocken
- 500 g Buttermilch
- 30 g Alfalfasprossen
- Salz und Pfeffer
- 4 EL Olivenöl

1 Oliven vierteln. Gurke waschen, längs halbieren, entkernen und würfeln. Tomaten waschen und ebenfalls vierteln. Die Oliven, die Gurke und die Tomaten vermengen und in 2 Portionen aufteilen. Eine Portion zugedeckt kalt stellen.

2 Die zweite Portion mit den Haferflocken, Sojaflocken und der Buttermilch vermengen. Abgedeckt über Nacht kalt stellen.

3 Sprossen waschen und trocken schütteln. Die Haferflockenmischung mit Salz und Pfeffer abschmecken, in tiefen Tellern anrichten und das restliche Gemüse darauf verteilen. Jeweils mit etwas Olivenöl beträufeln und mit den Sprossen garnieren, dann servieren.

• **TIPP** • Overnight Oats, der Klassiker aus den Vereinigten Staaten, hält, was er verspricht. Am Abend vorher werden schnell einige Zutaten zusammengemixt, in den Kühlschrank gestellt und über Nacht wird daraus eine köstliche Frühstücksspeise. Dieses nahrhafte und gesunde Rezept ist perfekt für dich, wenn du es entweder eilig hast oder morgens deine Zeit anderweitig verplant ist. Dieses Frühstück versorgt dich mit ausreichend Energie und Vitaminen. Du kannst es übrigens auch – statt herzhaft mit Gemüse, Salz und Pfeffer – in der süßen Variante mit frischem Obst und Zimt zubereiten.

ZUTATEN

8 g KH

- 400 ml Kokosmilch
- 160 g geschälte Hanfsamen
- 4 TL Chiasamen
- 1 Prise gemahlene Vanille
- 1 EL Kokosöl
- 40 g Kokoschips
- 200 g gemischte Beeren (z. B. Johannisbeeren, Brombeeren, Himbeeren)

FÜR 4 PORTIONEN | 15 MIN. ZZGL. 8 STD. KÜHLZEIT

V VEG LAC GLU

Vegane Keto-Overnight-Seeds mit Beeren und Kokos

PRO PORTION 322 kcal | 11 g E | 27 g F

1 Am Vorabend die Kokosmilch mit Hanfsamen, Chiasamen und Vanille in einer Schüssel mischen, abdecken, über Nacht kalt stellen.

2 Am nächsten Tag das Kokosöl in einer Pfanne erhitzen und die Kokoschips darin leicht bräunen. Die Beeren verlesen, nun vorsichtig waschen und trocken tupfen.

3 Overnight Seeds in Schüsseln verteilen, Beeren und Kokoschips darüberstreuen, servieren.

• **TIPP** • Hanfsamen sind wahre Kraftpakete: Sie besitzen alle essentiellen Aminosäuren und sind damit der perfekte Eiweißlieferant. Darüber hinaus stecken in ihnen Omega-3- und Omega-6-Fettsäuren, B-Vitamine, Vitamin E, Kalzium, Magnesium, Kalium und Eisen. Die Samen werden von Pflanzen geerntet, aus denen die berauschende Kraft herausgezüchtet wurde.

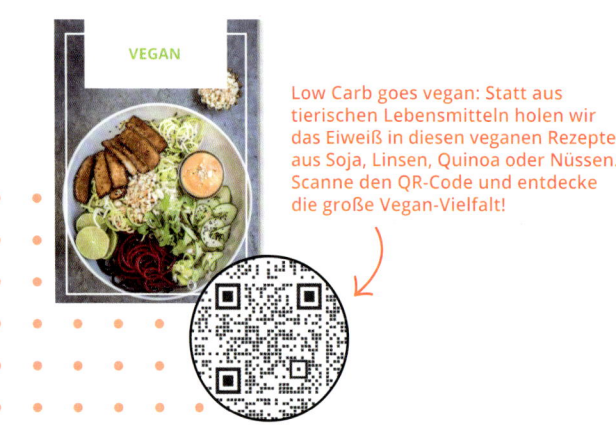

VEGAN

Low Carb goes vegan: Statt aus tierischen Lebensmitteln holen wir das Eiweiß in diesen veganen Rezepten aus Soja, Linsen, Quinoa oder Nüssen. Scanne den QR-Code und entdecke die große Vegan-Vielfalt!

EASY

ZUTATEN

10 g KH

- 800 g Kohlrabi
- 1 Zwiebel
- 1 Bund Schnittlauch
- 2 EL Butterschmalz
- 125 g Speckwürfel
- 8 Eier
- 40 ml Milch (3,5 % Fett)
- Etwas frisch geriebene Muskatnuss
- Salz und Pfeffer

FÜR 4 PORTIONEN | 20 MIN.
GLU

Schnelles Bauernfrühstück mit Kohlrabi und Speck

PRO PORTION 346 kcal | 20 g E | 25 g F

1 Den Kohlrabi schälen und in Würfel schneiden. Die Zwiebel schälen und fein würfeln. Schnittlauch waschen, trocken tupfen und in feine Röllchen schneiden.

2 Den Butterschmalz in einer großen Pfanne erhitzen. Den Kohlrabi darin 2–3 Minuten braten, Speck und Zwiebeln dazugeben und weiter braten.

3 Eier mit Milch, Muskatnuss und Hälfte des Schnittlauchs verquirlen, mit Salz und Pfeffer würzen. Über den Kohlrabi in die Pfanne gießen und unter gelegentlichem Rühren 2–3 Minuten braten, bis die Eier gestockt sind. Mit Salz, Pfeffer und Schnittlauch bestreuen, in vier Portionen teilen und servieren.

• **TIPP** • Statt der Kartoffeln verwendest du einfach Kohlrabi. Der bringt eine etwas andere Geschmacksnote in den Klassiker, schmeckt dabei aber mindestens genauso gut. Dann kommen Speck, Zwiebeln, Schnittlauch und Eier ins Spiel und schwups, hast du ein schnelles, herzhaftes Frühstück zubereitet. Du kannst den Speck natürlich auch weglassen, wenn du deine Mahlzeit lieber vegetarisch genießen möchtest.

FÜR 1 LAIB (À 10 SCHEIBEN) | 60 MIN.
VEG

Kleines Eiweißbrot

PRO SCHEIBE 115 kcal | 8 g E | 7 g F

1 Den Backofen auf 150 °C Ober-/Unterhitze vorheizen. Eier in einer Schüssel schaumig schlagen. Mandeln, Leinsamen, Weizenkleie, Mehl, Backpulver, ½ TL Salz sowie Quark zugeben und verkneten, bis ein zäher Teig entsteht.

2 Eine Brotbackform mit Butter fetten und die Kürbiskerne auf den Boden streuen. Teig in die Form füllen, Brot für 45 Minuten im vorgeheizten Backofen backen. Dann herausnehmen, auskühlen lassen, in Scheiben schneiden, servieren.

Einfaches Grundrezept

ZUTATEN — 5 g KH

- 4 Eier
- 50 g gemahlene Mandeln
- 50 g geschrotete Leinsamen
- 1 EL Weizenkleie
- 2 EL Weizenvollkornmehl
- ½ Päckchen Weinstein-Backpulver
- Salz
- 150 g Magerquark
- Etwas weiche Butter zum Fetten der Form
- 1 EL Kürbiskerne

HILFSMITTEL
- Brotbackform

ZUTATEN

4 g KH

- 2 Avocados
- 150 g Tomaten
- 600 g Hüttenkäse
- 150 g Crème fraîche
- Salz und Pfeffer

HILFSMITTEL
- Mixer

FÜR 2 PORTIONEN | 15 MIN.
VEG GLU

Frischkäse mit Tomate und Avocado

PRO PORTION 370 kcal 22 g E | 30 g F

1 Die Avocados halbieren und das Fruchtfleisch herauslösen. Tomate waschen, vom Stielansatz befreien und grob würfeln.

2 Das Avocadofruchtfleisch, die Tomatenstücke, den körnigen Frischkäse und das Crème fraîche in einen Standmixer geben und fein pürieren. Alternativ mit dem Pürierstab zerkleinern. Anschließend mit Salz und Pfeffer abschmecken und dann servieren.

• **TIPP** • Der Frischkäse schmeckt hervorragend auf unserem frischen Eiweißbrot. Das Rezept findest du auf Seite 21.

Ganz schnell gemacht

FÜR 4 PORTIONEN | 30 MIN.
VEG

Skyr mit Beeren und selbst gemachtem Schoko-Granola

PRO PORTION 290 kcal 26 g E | 10 g F

1 Die Johannisbeeren verlesen, waschen und von den Rispen streifen. Xylit in einem Topf mit dem Orangensaft aufkochen und unter Rühren auflösen. Die Beeren dazugeben und alles offen bei mittlerer Hitze etwa 5 Minuten garen, bis die Beeren weich sind.

2 Den Topf vom Herd nehmen und in einem hohen Rührbecher mit dem Stabmixer pürieren. Die Masse durch ein feines Sieb streichen, um die kleinen Kerne zu entfernen, und abkühlen lassen.

3 Für die Granola inzwischen Mandeln und Haferflocken in einer Pfanne ohne Fett bei mittlerer Hitze rösten. Butter und Zimt hinzufügen und alles kurz weiterrösten. Dann vom Herd nehmen und abkühlen lassen.

4 Das Beerenpüree mit dem Skyr nur leicht verrühren, sodass der Skyr marmoriert ist. In vier Schälchen füllen. Die Schokolade fein hacken und unter den Mandel-Mix mischen. Die Skyr-Schälchen mit dem Mandelmix bestreuen und servieren.

ZUTATEN — 25 g KH

- 150 g schwarze Johannisbeeren
- 1 EL Xylit
- Saft von 1 Orange
- 2 EL Mandelstifte
- 2 EL kernige Haferflocken
- 1 TL Butter
- ½ TL Zimtpulver
- 750 g Skyr
- 40 g Zartbitterschokolade

ZUTATEN — 11 g KH

- 800 g junge Karotten
- Salz und Pfeffer
- 5 Stiele Petersilie
- 2 Bund Rucola
- ½ rote Zwiebel
- Etwas frisch geriebene Muskatnuss
- 6 Blätter Filoteig (Kühlregal)
- 6 EL Olivenöl zzgl. etwas mehr zum Fetten und Bestreichen
- 3 EL Balsamicoessig

HILFSMITTEL
- Muffinblech mit 8 Mulden

FÜR 8 STÜCK | 70 MIN.
V VEG LAC

Karottenküchlein mit Rucolasalat

PRO STÜCK 138 kcal | 4 g E | 10 g F

1 Die Karotten schälen, von den Enden befreien und in Scheiben schneiden, dann mit etwas Salz in einen Topf geben, mit 100 ml Wasser bedecken und alles aufkochen. Die Karotten in etwa 15 Minuten weich dünsten, dabei bei Bedarf weiteres Wasser dazugeben.

2 Inzwischen Petersilie waschen und trocken schütteln. Die Blättchen abzupfen und grob hacken. Rucola verlesen, waschen und trocken schleudern. Die Zwiebel schälen und in Streifen schneiden.

3 Die gegarten Karotten abgießen und fein stampfen. Petersilie untermischen. Den Karottenstampf mit Muskat, Salz und Pfeffer würzig abschmecken.

4 Den Filoteig aus dem Kühlschrank nehmen. Den Backofen auf 180 °C Ober-/Unterhitze vorheizen. 8 Mulden eines Muffinblechs mit etwas Olivenöl einfetten. Die Teigblätter jeweils vierteln. Alle Teigviertel mit etwas Olivenöl bestreichen und jeweils 3 Teigstücke leicht versetzt aufeinanderlegen. Die 8 Mulden mit je 1 Teigpäckchen auslegen.

5 Karottenstampf in die ausgekleideten Mulden geben. Die Küchlein in 15–20 Minuten im vorgeheizten Ofen goldbraun und knusprig backen. Mit Alufolie abdecken, sollten sie drohen, zu dunkel zu werden.

6 Die Karottenküchlein aus dem Ofen nehmen und kurz abkühlen lassen. Den Rucola in einer Salatschüssel mit Zwiebel, Essig und Öl vermischen. Mit Salz und Pfeffer würzen. Den Salat mit den Karottenküchlein anrichten und servieren.

• **TIPP** • Die Karottenküchlein kannst du zum Mitnehmen in einem tragbaren Kuchenbehälter oder in einer Kunststoffdose verwahren. Lediglich den Rucola und das Dressing solltest du getrennt einpacken, damit der Rucola nicht lasch wird. Den Salat einfach kurz vor dem Verzehr vermischen und anschließend zu den Küchlein reichen.

KAROTTEN

Hier findest du unsere Low Carb-Lieblingsrezepte mit dem orangefarbenen Power-Gemüse Karotte!

ZUTATEN — 6 g KH

- 1 Zwiebel
- 4 EL Pflanzenöl
- 8 Scheiben Brühwurst (z. B. Lyoner)
- 8 Eier
- Pfeffer
- 3 Stiele Dill
- 4 EL zuckerfreier Ketchup

ZUTATEN FÜR 4 PORTIONEN | 20 MIN.
LAC GLU

Frühstücks-Spiegelei mit Wurst

PRO PORTION 381 kcal | 21 g E | 31 g F

1 Die Zwiebel schälen und in feine Ringe schneiden. In einem Pfännchen in 1 EL heißem Öl goldbraun rösten. Herausnehmen, dann pro Portion 2 Wurstscheiben in der Pfanne auf einer Seite goldbraun anbraten. Wenden, beiseiteschieben und je 2 Eier in die Pfanne aufschlagen. Mit ¼ der Zwiebeln bestreuen, mit Pfeffer würzen und zu Spiegeleiern braten. Auf diese Weise alle 4 Portionen zubereiten.

2 Den Dill abbrausen, trocken schütteln, die Spitzen abzupfen und hacken. Über das Frühstück streuen und mit Ketchup garniert servieren.

• **TIPP** • Dazu passt eine Scheibe des Eiweißbrotes von Seite 21.

Deftiger Sattmacher

ZUTATEN FÜR 4 PORTIONEN | 30 MIN.
VEG GLU

Birnen-Mohn-Pancakes mit Schoko

PRO PORTION 341 kcal | 16 g E | 22 g F

1 Die Birne schälen, vierteln, entkernen und das Fruchtfleisch mit der Milch fein pürieren. In einer Schüssel mit Eiern und Quark verquirlen. Das Kokosmehl mit Mohn, Backpulver und Flohsamen vermischen und unterrühren. Dann nach Bedarf etwas Kokosmehl zugeben, 10 Minuten ruhen lassen.

2 In einer beschichteten Pfanne jeweils 2–3 EL Kokosöl heiß werden lassen. Kleine Teigportionen in die Pfanne geben und auf beiden Seiten jeweils 1–2 Minuten goldbraun braten. Auf diese Weise etwa 8 Pancakes ausbacken, auf etwas Küchenpapier abtropfen lassen.

3 Die Erdbeeren vorsichtig waschen, putzen und in Scheiben schneiden. Mit den Orangenfilets mischen. Die Schokolade raspeln. Pancakes auf Teller anrichten, mit der Schokolade bestreuen. Mit den Früchten anrichten und servieren.

• **TIPP** • Zunächst die Orange waschen. Um sie zu filetieren, das obere und untere Ende mit einem scharfen Messer abschneiden, sodass das Fruchtfleisch zu sehen ist. Dann die gesamte Schale Streifen für Streifen leicht rund herunterschneiden. Übrige weiße Schalenteile mit dem Messer entfernen. Vorsichtig direkt an der dünnen Trennwand der Orangenstücke ins Fruchtfleisch schneiden. Auch auf der anderen Seite einschneiden und so die einzelnen Orangenstücke bzw. -filets herauslösen.

ZUTATEN — 23 g KH
- 1 Birne
- 100 ml Milch
- 3 Eier
- 150 g Quark
- 35 g Kokosmehl
- 2 EL Mohnsaat
- 1 TL Weinstein-Backpulver
- 1 EL Flohsamenschalen
- Kokosöl zum Ausbacken
- Filets von 2 Orangen (siehe Tipp)
- 150 g Erdbeeren
- 50 g Zartbitterschokolade

Leichter Lunch
Zweite Mahlzeit

**GENAU JETZT
SIND EIN PAAR
GESUNDE KOHLENHYDRATE
GENAU RICHTIG:
BALLASTSTOFFREICHES ESSEN
SÄTTIGT NACHHALTIG
UND LÄSST DEN
BLUTZUCKERSPIEGEL
LANGSAM ANSTEIGEN.**

ZUTATEN

25 g KH

- 600 g Rotkohl
- 3 EL Butterschmalz
- 1 Zwiebel
- 1 Apfel
- 1 Msp. Kümmelpulver
- 100 ml Rotweinessig
- 100 ml Apfelsaft
- Salz und Pfeffer
- 600 g junge Karotten
- 1 TL Pudererythrit
- Saft von ½ Orange
- 2 EL Zitronensaft
- 600 g Schweinefilet (küchenfertig, pariert)
- 150 ml Gemüsebrühe
- 2 EL Weißweinessig
- 1 Lorbeerblatt
- 1 TL Wacholderbeeren
- 2 Stiele Petersilie
- 2 EL Butter
- Etwas edelsüßes Paprikapulver

FÜR 4 PORTIONEN | 90 MIN.
GLU

Schweinemedaillons mit Rotkohl und Karotten

PRO PORTION 413 kcal | 37 g E | 15 g F

1 Rotkohl putzen, vom harten Strunk befreien, in feine Streifen schneiden oder hobeln. Zwiebel schälen, fein würfeln. Apfel schälen, vierteln, das Kerngehäuse herausschneiden, Apfel in Würfel schneiden. 1 EL Butterschmalz im Topf erhitzen. Rotkohl zugeben, andünsten. Zwiebel, Apfel sowie Kümmel zum Kohl geben, kurz mitdünsten. Mit Rotweinessig und Apfelsaft ablöschen. Mit Salz und Pfeffer würzen, zugedeckt 30 Minuten garen.

2 Karotten schälen, waschen und in einem heißen Topf in 1 EL heißem Butterschmalz andünsten. Mit dem Pudererythrit bestreuen, leicht karamellisieren lassen, mit Orangen- und Zitronensaft ablöschen, mit etwas Salz würzen und zugedeckt 8–10 Minuten bissfest garen.

3 Schweinefilet trocken tupfen, in 12 Medaillons schneiden. Leicht flach klopfen, mit Salz und Pfeffer würzen. In heißer, beschichteter Pfanne mit Deckel im übrigen Butterschmalz auf beiden Seiten goldbraun anbraten. Mit Brühe und Weißweinessig ablöschen, Lorbeerblatt und Wacholder zugeben, zugedeckt 6–8 Minuten garen. Petersilie waschen, trocken schütteln, abgezupfte Blättchen hacken. Flüssigkeit der Karotten offen verdampfen lassen, Karotten mit der Butter glasieren. Rotkohl abschmecken, mit Karotten und Medaillons auf Tellern anrichten. Mit Paprikapulver und Petersilie bestreuen und servieren.

FÜR 4 PORTIONEN | 50 MIN.
GLU

Rindersteak mit Süßkartoffelspalten und Salat

PRO PORTION 499 kcal | 45 g E | 26 g F

1 Den Backofen auf 220 °C Ober-/Unterhitze vorheizen. Süßkartoffeln schälen, waschen und in dünne Spalten schneiden. Mit Speisestärke, Olivenöl, Salz und Pfeffer vermengen und nebeneinander auf einem mit Backpapier belegten Blech verteilen. Im vorgeheizten Ofen 20–25 Minuten goldbraun backen, dabei zwischendurch nach Bedarf wenden.

2 Inzwischen Gurke waschen und in dünne Scheiben schneiden oder hobeln. Kopfsalat putzen, in mundgerechte Stücke zupfen, waschen und trocken schleudern. Tomaten gut abtropfen lassen, sehr fein hacken. Knoblauch schälen und ebenfalls sehr fein hacken. Joghurt glatt rühren. Tomaten und Knoblauch unterrühren und die Sauce mit Zitronensaft, Salz und Pfeffer abschmecken.

3 Die Steaks trocken tupfen und rundherum mit Salz würzen. Das Rapsöl in einer Pfanne erhitzen und die Steaks darin von jeder Seite 2–3 Minuten scharf anbraten. Die Pfanne vom Herd nehmen, Steaks mit Pfeffer würzen und in etwas Alufolie gewickelt 5–8 Minuten ruhen lassen. Dann mit den Süßkartoffelspalten, Gurken und Salat anrichten. Mit der Sauce beträufeln und servieren.

ZUTATEN — 23 g KH

- 250 g Süßkartoffeln
- 1 EL Speisestärke
- 2 EL Olivenöl
- Salz und Pfeffer
- 1 Gurke
- 1 Kopfsalat
- 50 g getrocknete Tomaten in Öl (Glas)
- 1 Knoblauchzehe
- 200 g Joghurt
- 1–2 EL Zitronensaft
- 4 Rindersteaks (à etwa 200 g)
- 2 EL Rapsöl

ZUTATEN

16 g KH

- 200 g Spinat
- 1 Knoblauchzehe
- 1 EL Rapsöl
- Salz und Pfeffer
- 250 g Ricotta
- 250 g Quark
- 2 Eier
- 50 g Mehl
- 2 EL Butterschmalz
- 150 g gemischter Blattsalat
- 100 g Kirschtomaten
- ½ Bund Radieschen
- 4 EL Olivenöl
- 2 EL Weißweinessig

FÜR 4 PORTIONEN | 40 MIN.
VEG

Spinatküchlein mit Salat

PRO PORTION | 392 kcal | 22 g E | 26 g F

1 Den Spinat gut waschen, putzen und von groben Stielen befreien. Knoblauch schälen und fein hacken. Rapsöl in einer Pfanne erhitzen und den Knoblauch darin andünsten, Spinat zugeben und kurz zusammenfallen lassen, mit Salz und Pfeffer würzen. Die Spinatmischung etwas abkühlen lassen und fein hacken.

2 Ricotta mit Quark, Eiern und Mehl mischen, den Spinat untermischen. Butterschmalz portionsweise in einer Pfanne zerlassen und mithilfe von Esslöffeln kleine Teigportionen in die Pfanne setzen. Etwas flach drücken und in etwa 8 Minuten von beiden Seiten goldbraun backen.

3 In der Zwischenzeit den Salat waschen, putzen und bei Bedarf grob in Stücke zupfen. Tomaten waschen und halbieren. Radieschen waschen, putzen und in dünne Scheiben schneiden. Öl mit Essig und 2 EL Wasser verschlagen und mit Salz und Pfeffer würzen. Den Salat mit Tomaten, Radieschen und Vinaigrette mischen. Mit den Spinatküchlein anrichten und servieren.

FÜR 4 PORTIONEN | 30 MIN.
VEG GLU

Blumenkohl-Brokkoli-Gratin mit Haselnusstopping

PRO PORTION 302 kcal 13 g E | 25 g F

1 Den Backofen auf 220 °C Ober-/Unterhitze vorheizen. Blumenkohl und Brokkoli waschen, putzen und in kleine Röschen teilen. In einen Dämpfeinsatz geben und dann über kochendem Salzwasser etwa 5 Minuten bissfest dämpfen.

2 Die Haselnusskerne im Mixer möglichst fein zerkleinern. Petersilie waschen, trocken schütteln und die abgezupften Blättchen fein hacken. Zitrone heiß waschen und die Schale fein abreiben. Eine ofenfeste Form mit etwas Butter fetten, das Gemüse einfüllen.

3 Haselnüsse mit dem Parmesan, ²⁄₃ der Petersilie und Zitronenabrieb vermischen und dann über die Gemüseröschen streuen. Alles salzen, pfeffern, mit Butterflöckchen bestreuen und im vorgeheizten Ofen 5–10 Minuten überbacken, bis die Haselnussmischung goldbraun ist. Herausnehmen und alles mit der übrigen Petersilie bestreut servieren.

Blumenkohl ist ein Low Carb-Allrounder

ZUTATEN 7 g KH
- 500 g Blumenkohl
- 500 g Brokkoli
- Salz und Pfeffer
- 50 g Haselnusskerne
- ½ Bund Petersilie
- ½ unbehandelte Zitrone
- 40 g Butter zzgl. etwas mehr zum Fetten
- 50 g geriebener Parmesan

HILFSMITTEL
- Auflaufform (30 × 20 cm)

ZUTATEN

25 g KH

- 1 Rindersteak (etwa 3 cm dick, z. B. Rib-Eye)
- 100 g Farro (italienischer Emmer)
- 4 Stücke gegrillte rote Paprika (Glas)
- 100 g grüne, entsteinte Oliven
- 8 gelbe Datteltomaten
- 2 grüne Tomaten
- 4 Artischockenherzen in Lake (Dose)
- Salz und Pfeffer
- 1–2 EL Rapsöl
- 1 Schalotte
- 2 Knoblauchzehen
- 4 EL Olivenöl
- 2 EL Tomatenmark
- Etwas Cayennepfeffer
- 1 EL Sumach
- 100 g junger Pak Choi
- Saft von ½ Zitrone
- 3 Stiele Basilikum

FÜR 4 PORTIONEN | 80 MIN.

LAC

Rindfleisch-Salat mit bunten Tomaten

PRO PORTION | 352 kcal | 20 g E | 21 g F

1 Das Steak trocken tupfen und Raumtemperatur annehmen lassen. Farro etwa 20 Minuten in Wasser einweichen. Inzwischen die Grillpaprika abtropfen lassen und in Streifen schneiden. Oliven ebenfalls abtropfen lassen und halbieren. Datteltomaten waschen und vierteln. Grüne Tomaten waschen und in Spalten schneiden. Artischockenherzen abtropfen lassen und in Achtel schneiden.

2 Den Farro abgießen und etwa 15 Minuten in Salzwasser gar kochen, anschließend abgießen und abtropfen lassen. Den Backofen auf 100 °C Ober-/Unterhitze vorheizen.

3 In einer ofenfesten Pfanne oder einer Grillpfanne das Öl erhitzen. Das Steak darin auf beiden Seiten etwa 2 Minuten braten. Mit Salz und Pfeffer würzen und dann 10–15 Minuten im vorgeheizten Ofen fertig garen.

4 Die Schalotte und den Knoblauch schälen. In einer Pfanne 2 EL Olivenöl erhitzen, beides darin andünsten. Farro zufügen und kurz mit andünsten, das Tomatenmark unterrühren. Dann alles mit Salz, Cayennepfeffer und Sumach würzen und abschmecken. Den Pak Choi waschen, putzen und in die einzelnen Blätter teilen. Grob in Stücke zupfen.

5 Den Zitronensaft mit Salz, Pfeffer und dem übrigen Olivenöl verrühren. Basilikum waschen, trocken tupfen und die Blättchen abzupfen. Den Farrosalat abschmecken und auf Teller verteilen. Grillpaprika, Datteltomaten, grüne Tomaten, Pak Choi, Artischocken und Oliven ringsum darauf verteilen.

6 Das Steak in dünne Scheiben schneiden und auf dem Salat anrichten. Alles noch mit Pfeffer würzen, mit Dressing beträufeln und anschließend mit Basilikumblättchen garniert servieren.

BUNTE SALATIDEEN

Mit diesen bunten Salatideen kommt jede Menge gesunde Kreativität in deine Low Carb-Küche.

Auch ideal für Gäste

ZUTATEN

10 g KH

- 2 Fenchelknollen
- 5–6 Radieschen
- 2 Frühlingszwiebeln
- 100 g Rucola
- 50 g Kresse (z. B. Sakura- oder Daikonkresse)
- 600 g Räucherlachs in Scheiben
- 2 Stiele Dill
- ½ unbehandelte Zitrone
- 200 g Joghurt
- 1 Prise Xylit
- Salz und Pfeffer

FÜR 4 PORTIONEN | 30 MIN.
GLU

Fenchel-Radieschen-Salat mit Lachs

PRO PORTION | 342 kcal | 37 g E | 16 g F

1 Den Fenchel putzen, waschen, vierteln und den Strunk keilförmig herausschneiden. Fenchel auf einer Küchenreibe in feine Scheiben hobeln. Die Radieschen putzen, waschen und ebenfalls in feine Scheiben schneiden oder hobeln. Frühlingszwiebeln putzen, waschen und in feine Ringe schneiden. Dann den Rucola waschen und trocken schütteln. Die Kresse waschen und trocken tupfen.

2 Für das Dressing den Dill waschen, trocken schütteln und die feinen Spitzen abzupfen, dann fein hacken. Die Zitrone heiß waschen. Die Schale fein abreiben und den Saft auspressen. Nun den Joghurt mit Dill, Zitronenschale, -saft, Xylit, Salz sowie Pfeffer verrühren und abschmecken.

3 Rucola, Fenchel, Frühlingszwiebeln und Radieschen auf Teller verteilen. Den Lachs darauf anrichten und alles mit dem Dressing beträufeln. Mit Kresse garnieren und servieren.

FÜR 4 PORTIONEN | 30 MIN.
GLU

Pastinaken-Penne mit Hähnchen und Rucola

PRO PORTION 479 kcal | 24 g E | 34 g F

ZUTATEN — 23 g KH

- 4 Stiele Petersilie
- ½ unbehandelte Zitrone
- 8 EL Olivenöl
- Salz und Pfeffer
- 60 g Pekannusskerne
- 300 g gegartes Hähnchenfleisch vom Vortag (ohne Knochen)
- 1 Bund Rucola
- 250 g Datteltomaten
- 5–6 Pastinaken
- 1 l Gemüsebrühe
- 2 EL geriebener Parmesan

1 Petersilie waschen und trocken schütteln. Blättchen abzupfen und hacken. Zitrone heiß waschen. Die Schale fein abreiben, den Saft auspressen. Petersilie mit Olivenöl, Zitronenschale, -saft, etwas Salz und Pfeffer verquirlen. Pekannüsse ohne Zugabe von Fett in einer Pfanne anrösten, abkühlen lassen und grob hacken.

2 Das gegarte Hähnchenfleisch in Stücke zupfen. Rucola verlesen, waschen und trocken schütteln. Die Tomaten waschen und längs halbieren. Die Pastinaken putzen, schälen und schräg in etwa 5 cm lange und 1 cm dicke Stücke schneiden, die in ihrer Form an die Nudelsorte Penne erinnern.

3 Die Brühe aufkochen und die Pastinaken darin in 4–5 Minuten bissfest garen. Pastinaken abgießen, kurz abkühlen lassen. Nüsse, Hähnchen, Rucola, Tomaten, Pastinaken und Parmesan vermengen. Pastinaken-Penne mit Dressing beträufeln und servieren.

Gemüsepasta – einfach der Hit

ZUTATEN 25 g KH

- 200 g Zuckerschoten
- 1 kleine Mango
- 2 Schalotten
- 1 Knoblauchzehe
- 2 Stangen Staudensellerie
- 1 Fenchelknolle
- 2 EL Erdnussöl
- 1 TL frisch geriebener Ingwer
- 2–3 EL gelbe Currypaste
- 2 Kaffirlimettenblätter
- 400 ml Kokosmilch (Dose)
- 200 ml Fischfond
- 400 g Fischfilet (küchenfertig, ohne Haut und Gräten, z. B. Seeteufel oder Kabeljau)
- 250 g Garnelen (küchenfertig)
- 1 Bund Koriander
- 1 rote Chilischote
- 60 g Erdnusskerne
- 4 EL Reiswein
- 1 EL Sesamöl
- 2–3 EL Fischsauce

FÜR 4 PORTIONEN | 30 MIN.
LAC GLU

Kokos-Fischcurry

PRO PORTION 498 kcal 41 g E | 26 g F

1 Die Zuckerschoten waschen, putzen und schräg halbieren. Die Mango schälen, das Fruchtfleisch vom Kern entfernen und in kleine Würfel schneiden. Die Schalotten schälen und in Streifen schneiden. Den Knoblauch schälen und fein hacken. Sellerie und Fenchel waschen, putzen und beides in Stifte schneiden.

2 Schalotten und Knoblauch in heißem Erdnussöl andünsten. Ingwer, Currypaste und Kaffirlimettenblätter zugeben und kurz mitdünsten. Mit der Kokosmilch und dem Fischfond ablöschen.

3 Sellerie und Fenchel zugeben und unter gelegentlichem Rühren etwa 5 Minuten kochen lassen. Den Fisch und die Garnelen trocken tupfen und den Fisch grob in Stücke schneiden. Beides mit Zuckerschoten und Mango in das Curry geben und bei milder Hitze 6–8 Minuten gar ziehen lassen.

4 Koriander waschen, trocken schütteln, Blättchen abzupfen und fein hacken. Chilischote waschen, halbieren, putzen und fein hacken. Erdnüsse in einer heißen Pfanne goldbraun rösten, abkühlen lassen und hacken. Nüsse mit Koriander, Chili, Reiswein, Sesamöl und Fischsauce vermengen. Das Curry mit der Würzmischung abschmecken und servieren.

FÜR 4 PORTIONEN | 50 MIN.
GLU

Einfache Schmarren-Pfanne mit Ei

PRO PORTION 288 kcal | 21 g E | 16 g F

1 Karotte schälen, halbieren, in feine Scheiben schneiden. Fenchel putzen, waschen, in kleine Stücke schneiden. Bohnen, verlesen, waschen, die Enden abschneiden und halbieren.

2 Im Topf gesalzenes Wasser aufkochen, Bohnen darin 5 Minuten blanchieren. Nach 2 Minuten Fenchel und Karotte dazugeben. Dann abgießen, kalt abschrecken, abtropfen lassen. Den Backofen auf 180 °C Umluft vorheizen.

3 Zitrone heiß waschen, Schale fein abreiben. Thymian waschen, trocken tupfen, Blättchen abzupfen. Parmesan fein reiben. Eier trennen. Eigelbe mit dem Xylit und Milch verquirlen. Das Eiweiß mit 1 Prise Salz steif schlagen. Mandelmehl mit Backpulver, Parmesan, Zitronenschale und Thymian vermengen und unter die Eigelb-Milch-Mischung rühren. Mit Muskatnuss und Pfeffer würzen. Das Eiweiß zum Schluss vorsichtig unterheben.

4 Butterschmalz in Pfanne erhitzen, Gemüse 2–3 Minuten anbraten. Teig bei mittlerer Hitze dazugießen, leicht stocken lassen. Die Pfanne zum Backen für 20 Minuten in den heißen Ofen stellen.

5 Die Petersilienblättchen fein hacken. Pfanne aus dem Ofen nehmen, Schmarren in Stücke rupfen, Butter dazugeben, unterschwenken. Mit Petersilie garniert servieren.

ZUTATEN — 11 g KH

- 1 Karotte
- ½ Fenchelknolle
- 150 g grüne Bohnen
- Salz und Pfeffer
- 1 unbehandelte Zitrone
- 3 Stiele Thymian
- 30 g Parmesan
- 5 Eier
- 1 TL Xylit
- 280 ml Milch (3,5 % Fett)
- 120 g Mandelmehl
- ½ TL Weinstein-Backpulver
- Etwas frisch gemahlene Muskatnuss
- 2 EL Butterschmalz
- Blättchen von 3 Stielen Petersilie
- 1 EL Butter

HILFSMITTEL
- Große, ofenfeste Pfanne

FÜR 4 PORTIONEN | 90 MIN.
VEG

Quinoa-Süßkartoffel-Burger in Halloumi-Buns

PRO PORTION | 310 kcal | 13 g E | 15 g F

ZUTATEN — 25 g KH

- 50 g rote Quinoa
- 100 ml Gemüsebrühe
- 100 g Süßkartoffel
- Salz und Pfeffer
- 15 g Cashewkerne
- 25 g Feta
- 150 g Rote Bete
- 35 g gemahlene Haferflocken
- ¼ TL Chilipulver
- 3 EL Rapsöl
- 8 runde Scheiben Halloumi
- 40 g Weißkohl
- 40 g Rotkohl
- ½ gelbe Paprikaschote
- ½ Römersalatherz
- ½ Bund gemischte Kräuter (z. B. Petersilie und Koriander)
- 1 unbehandelte Limette
- Saft von ½ Limette

HILFSMITTEL
- Veggie Burgerpresse (erhältlich unter www.lowcarb.de/shop)

1 Quinoa waschen und abtropfen lassen. Mit der Brühe aufkochen und etwa 15 Minuten bei geringer Hitze garen. Inzwischen die Süßkartoffel schälen, würfeln und etwa 10 Minuten in kochendem Salzwasser garen. Quinoa bei Bedarf abgießen, gut abtropfen lassen und in eine große Schüssel geben. Süßkartoffeln abgießen, mit einem Kartoffelstampfer zerdrücken oder pürieren und zur Quinoa geben.

2 Cashewkerne fein hacken, den Feta abtropfen lassen und zerbröckeln. Die Rote Bete schälen (am besten Handschuhe verwenden) und fein raspeln. Cashews, Rote Bete und Haferflocken in die Schüssel zum Süßkartoffel-Quinoa geben und alles gut vermengen. Zuletzt den Feta unterrühren. Alles mit Salz, Pfeffer und Chilipulver würzen, abschmecken und daraus 4 Bratlinge formen. 2 EL Öl in einer Pfanne erhitzen und die Pattys darin 8–10 Minuten rundherum goldbraun braten.

3 Zwei Grillpfannen erhitzen, mit übrigem Öl leicht fetten und die Halloumi-Scheiben darin etwa 10 Minuten grillen, dabei einmal wenden. Gemüse, Salat und Kräuter waschen und putzen. Weiß- und Rotkohl fein raspeln. Die Paprikaschote in dünne Streifen schneiden. Salat trocken schleudern und die Blätter klein schneiden oder zupfen. Kräuter trocken schütteln und die Blättchen abzupfen. Limette heiß waschen und in Spalten schneiden.

4 Jeweils ein Rote-Bete-Quinoa-Patty auf eine Scheibe Halloumi setzen und mit Salat, Weiß- und Rotkohl, einigen Kräuterblättchen und Paprika belegen. Mit Limettensaft beträufeln und die übrigen Käsescheiben als Deckel aufsetzen. Die Halloumi-Burger mit den restlichen Kräutern und Limettenspalten garnieren und servieren.

• **TIPP** • Statt Weizen-Bun nimmst du hier Halloumi und füllst dann mit jeder Menge knackiger Rohkost.

FAST FOOD

Burger, Currywurst, Pizza und Pommes gehören der Vergangenheit an? Auf keinen Fall! Dass du dich an den fastenfreien Tagen Low Carb ernähren und trotzdem Fast Food essen kannst, beweisen diese Rezepte.

ZUTATEN

13 g KH

- 1 Aubergine (etwa 350 g)
- 500 g Tomaten
- ½ rote Paprikaschote
- 1–2 Zwiebeln
- 2 Knoblauchzehen
- 4 EL Olivenöl zzgl. etwas mehr zum Fetten der Formen
- 1 TL Kräuter der Provence
- Salz und Pfeffer
- 4–5 EL Zitronensaft
- 150 g Frischkäse
- 150 g Joghurt
- 2 Eier
- 1 TL Currypulver
- 4 EL frisch geriebener Parmesan
- 4–5 Stiele Petersilie

AUSSERDEM

- 4 Auflaufförmchen (Ø 12 cm)

FÜR 4 PORTIONEN | 60 MIN.
VEG GLU

Auberginen-Tomaten-Auflauf

PRO PORTION 374 kcal | 15 g E | 29 g F

1 Die Aubergine waschen, putzen und in mundgerechte Stücke oder Streifen schneiden. Tomaten und Paprika waschen, putzen und ebenfalls in Stücke schneiden. Zwiebeln und Knoblauch schälen und fein würfeln.

2 Zwiebel und Knoblauch in heißem Öl andünsten. Paprika und Auberginen zugeben und alles etwa 5 Minuten unter gelegentlichem Rühren braten. Die Tomaten untermischen, kurz mitgaren, dann die Masse mit Kräutern, Pfeffer, Salz und 2 EL Zitronensaft würzen und abschmecken. Den Backofen auf 190 °C Umluft vorheizen.

3 4 kleine Auflaufförmchen dünn mit Öl auspinseln und die Gemüsemasse darin verteilen. Frischkäse mit Joghurt und Eiern verrühren. Mit Salz, Pfeffer, übrigem Zitronensaft und Curry würzen und den geriebenen Parmesan untermischen. Die Masse auf die Förmchen verteilen und glatt streichen.

4 Im vorgeheizten Ofen etwa 30 Minuten überbacken. Zum Servieren die Petersilie waschen, trocken schütteln, hacken und auf die Mini-Aufläufe streuen.

• **TIPP** • Der Clou bei diesem Auberginen-Tomaten-Auflauf ist das kohlenhydratarme und extra-cremige Topping aus Frischkäse, Parmesan und Curry.

FÜR 4 PORTIONEN | 35 MIN.
GLU

Kabeljau mit Bohnen und Senfsauce

PRO PORTION | 292 kcal | 31 g E | 14 g F

1 Bohnen putzen und in mundgerechte Stücke schneiden. In kochendem Salzwasser in etwa 10–12 Minuten garen. Anschließend abgießen, abschrecken und abtropfen lassen. Zwiebel schälen und fein würfeln. In der heißen Butter glasig dünsten. Brühe, Schmand und Senf verrühren und zugeben. Mit Salz und Pfeffer würzen und dann leicht cremig einkochen.

2 Die Fischfilets trocken tupfen und rundherum mit Salz sowie Pfeffer würzen. Öl in einer Pfanne erhitzen. Die Filets darin auf jeder Seite etwa 3 Minuten anbraten. Die Bohnen in Senfsauce geben. Dill waschen, trocken schütteln und die feinen Spitzen hacken. Das Bohnen-Senf-Gemüse mit Fisch und Dill anrichten und servieren.

ZUTATEN — 9 g KH

- 600 g grüne Bohnen
- Salz und Pfeffer
- 1 Zwiebel
- 1 EL Butter
- 200 ml Gemüsebrühe
- 80 g Schmand
- 2 EL mittelscharfer Senf
- 4 Kabeljaufilets (ohne Haut, à etwa 150 g)
- 1 EL Rapsöl
- 1 Bund Dill

Ein leichter Klassiker

Im Schlaf abnehmen
Dritte Mahlzeit

FÜR DIE LETZTE MAHLZEIT VOR DEM SCHLAFENGEHEN LAUTET DAS ZIEL, DIE NÄCHTLICHE FETTVERBRENNUNG ORDENTLICH ANZUKURBELN. MIT DIESEN ZEHN GENIALEN REZEPTEN KLAPPT DAS GANZ EINFACH!

ZUTATEN

16 g KH

- 100 g Haselnusskerne
- 1 Blumenkohl
- Salz und Pfeffer
- 1 TL Currypulver
- ½ TL Kreuzkümmelpulver
- 1 Granatapfel
- 1 Bund Minze
- 150 g Joghurt
- 2 EL Zitronensaft

FÜR 4 PORTIONEN | 35 MIN.
VEG GLU

Gerösteter Blumenkohl mit Granatapfelkernen und Minze

PRO PORTION 278 kcal | 13 g E | 18 g F

1 Den Backofen auf 200 °C Ober-/Unterhitze vorheizen. Dann die Nüsse auf ein mit Backpapier belegtes Blech geben und im vorgeheizten Ofen 5–10 Minuten leicht gebräunt rösten.

2 Inzwischen den Blumenkohl putzen, waschen und in kleine Röschen teilen. Salz, Pfeffer, Curry und Kreuzkümmel mischen und über den Blumenkohl streuen. Auf einem Blech verteilen. Nüsse aus dem Ofen nehmen, den Blumenkohl hineinschieben und im heißen Ofen etwa 20 Minuten rösten, dabei einmal wenden.

3 Die Schale der Nüsse abreiben und die Nüsse grob hacken. Den Granatapfel halbieren und die Kerne herauslösen. Die Minze waschen, trocken schütteln, einige Blätter als Garnitur beiseitelegen, den Rest hacken. Joghurt mit gehackter Minze, Zitronensaft, etwas Salz und Pfeffer verrühren. Dann mit einigen Nüssen und Granatapfelkernen garnieren.

4 Blumenkohl aus dem Ofen nehmen. Mit übrigen Nüssen, Granatapfelkernen und restlicher Minze vermengen und mit dem Joghurt servieren.

FÜR 4 PORTIONEN | 25 MIN.
V VEG LAC GLU

Grünkohlsalat mit Avocado und Haselnüssen

PRO PORTION 447 kcal | 11 g E | 36 g F

1 Dicke Blattrippen des Grünkohls entfernen, dann in mundgerechte Stücke zupfen und waschen. Trocken schütteln und in eine große Schüssel geben. Mit etwas Salz bestreuen und kräftig durchkneten. Die Avocados halbieren, den Stein entfernen, das Fruchtfleisch aus der Schale heben und in Scheiben schneiden. Mit Zitronensaft beträufeln. Nun die Radieschen putzen, waschen und in feine Scheiben schneiden.

2 Die Haselnusskerne in einer Pfanne trocken unter Schwenken leicht duftend anrösten und abkühlen lassen. Nun die Rote Bete waschen, schälen und in eine separate Schüssel raspeln. Leicht salzen und wenige Minuten ziehen lassen.

3 Avocado, Radieschen, Haselnusskerne, Sultaninen und Rote Bete zum Grünkohl geben. Essig, Orangensaft und Olivenöl in einer Schüssel verquirlen, mit Pfeffer würzen. Über dem Salat verteilen, mischen und auf Tellern anrichten. Anschließend mit den Leinsamen bestreuen und servieren.

Mit fruchtigem Dressing

ZUTATEN — 20 g KH

- 500 g Grünkohl
- Salz und Pfeffer
- 2 Avocados
- 1 EL Zitronensaft
- 150 g Radieschen
- 60 g Haselnusskerne
- 2 Knollen Rote Bete
- 3 EL Sultaninen
- 2 EL Weißweinessig
- 1 EL Orangensaft
- 6 EL Olivenöl
- 1 EL Goldleinsamen

ZUTATEN

25 g KH

- 1 Aubergine
- Salz und Pfeffer
- 250 g grüner Spargel
- 100 g junger Spinat
- 250 g Kirschtomaten an der Rispe
- 400 g festkochende Kartoffeln
- Etwas frisch geriebene Muskatnuss
- 3–4 EL Rapsöl
- 6 EL Olivenöl
- 4 EL Weißweinessig
- 4 Eier
- Etwas grobes Meersalz

FÜR 4 PORTIONEN | 90 MIN.
VEG GLU

Rösti-Burger mit pochiertem Ei

PRO PORTION 415 kcal 13 g E | 28 g F

1 Die Aubergine waschen, putzen und in Scheiben schneiden. Mit Salz bestreuen, etwa 30 Minuten ziehen lassen. Inzwischen den Spargel waschen, im unteren Drittel schälen und den Stiel frisch anschneiden. In mundgerechte Stücke schneiden und in kochendem Salzwasser etwa 6 Minuten blanchieren, danach in Eiswasser abschrecken und abtropfen lassen.

2 Spinat putzen, waschen und trocken schleudern. Die Kirschtomaten an der Rispe waschen. Die Kartoffeln schälen, waschen, fein raspeln und überschüssige Flüssigkeit ausdrücken. Mit Salz und Muskat würzen. In einer beschichteten Pfanne in heißem Rapsöl aus der Kartoffelmasse portionsweise kleine Rösti mit etwa dem Durchmesser der Auberginenscheiben ausbacken, dann auf etwas Küchenpapier abtropfen lassen.

3 Auberginenscheiben trocken tupfen und in einer Pfanne in 3 EL heißem Olivenöl goldbraun braten. Mit Pfeffer würzen. Restliches Olivenöl in einer zweiten Pfanne erhitzen und die Tomatenrispen darin schwenken, bis die Tomaten beginnen aufzuplatzen.

4 Einen Topf Salzwasser mit dem Essig zum Kochen bringen, dann die Temperatur reduzieren. Die Eier öffnen und mithilfe einer Kelle nacheinander ins Wasser gleiten lassen. Etwa 4–5 Minuten pochieren, bis das Eiweiß gestockt und die Eigelbe noch etwas weich in der Mitte sind. Auf Küchenpapier kurz abtropfen lassen.

5 Aus den Rösti, den Auberginen, dem Spargel, dem Spinat, den Tomaten und den Eiern kleine Burger stapeln. Mit grobem Meersalz und Pfeffer würzen und servieren.

• **TIPP** • Du hast Lust auf diesen Burger, bekommst aber keinen Spargel? Dann ersetze ihn durch anderes Gemüse wie Zucchini. Nimm einfach, was Saison hat!

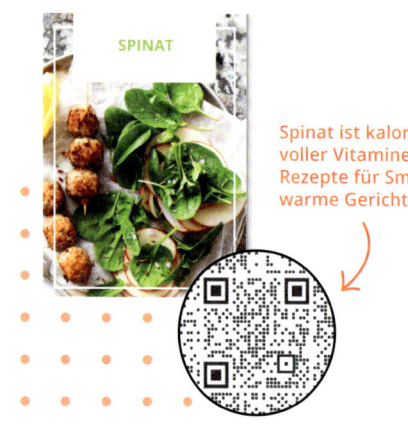

SPINAT

Spinat ist kalorienarm und steckt voller Vitamine. Noch mehr Spinat-Rezepte für Smoothies, Salate und warme Gerichte findest du hier!

ZUTATEN

20 g KH

- 1 kg Wirsing
- 4 EL Olivenöl
- Abgeriebene Schale von ½ unbehandelten Zitrone
- ¼ TL frisch geriebene Muskatnuss
- Salz und Pfeffer
- 2 Eier
- 60 g Gewürzgurken
- 2 Stiele Petersilie
- ½ Bund Schnittlauch
- 4 EL Quark
- 200 g Joghurt
- 1 EL Apfelessig
- 1 Apfel
- 1 TL edelsüßes Paprikapulver

FÜR 4 PORTIONEN | 50 MIN.
VEG GLU

Ofen-Wirsing mit Kräuterremoulade

PRO PORTION | 271 kcal | 13 g E | 17 g F

1 Den Backofen auf 200 °C Ober-/Unterhitze vorheizen. Ein Backblech mit Backpapier belegen. Den Wirsing putzen und waschen. Nun in 8 Spalten schneiden und nebeneinander auf das Blech legen. Das Öl mit Zitronenschale, Muskatnuss und Salz verrühren, den Wirsing damit beträufeln und im vorgeheizten Ofen etwa 25 Minuten backen.

2 Inzwischen die Eier in kochendem Wasser etwa 10 Minuten hart kochen, kalt abschrecken, pellen und fein hacken. Die Gewürzgurken gut abtropfen lassen und sehr fein würfeln. Petersilie und Schnittlauch waschen und trocken schütteln, die Petersilienblätter abzupfen und fein hacken, den Schnittlauch in feine Röllchen schneiden.

3 In einer Schüssel Quark und Joghurt mit Essig, Salz und Pfeffer verrühren. Apfel waschen, putzen und klein würfeln. Mit Gewürzgurken und Kräutern unter die Sauce rühren. Zum Servieren den Wirsing auf Teller verteilen oder in einer Auflaufform anrichten. Mit Paprikapulver bestäuben und mit den gehackten Eiern bestreuen. Die Remoulade mit dem Wirsing anrichten und servieren.

FÜR 4 PORTIONEN | 30 MIN.
LAC GLU

Gebratenes Fischfilet mit Asia-Salat

PRO PORTION 306 kcal 27 g E | 12 g F

ZUTATEN — 20 g KH

- 4 Stauden junger Pak Choi
- 2 Frühlingszwiebeln
- 30 g Rote-Bete-Sprossen
- 1 Kaki (alternativ Mango)
- ½ Bund Koriander
- 2 EL Rapsöl
- 4 Pangasiusfilets (à 150 g)
- Salz und Pfeffer
- 2 EL Reisessig
- 1 TL Sesamöl

1 Für den Salat Pak Choi, Frühlingszwiebeln, Sprossen, Kaki und Koriander waschen. Pak Choi und Frühlingszwiebeln putzen, trocken schütteln und die Frühlingszwiebeln in 10–12 cm lange Streifen schneiden. In kaltes Wasser legen. Die Sprossen trocken tupfen. Die Kaki halbieren und in dünne Scheiben schneiden. Dann den Koriander trocken schütteln und anschließend die Blättchen abzupfen.

2 Pak Choi in beschichteter Pfanne in 1 EL heißem Rapsöl 2–3 Minuten andünsten. Vom Herd nehmen und etwas abkühlen lassen.

3 Den Fisch trocken tupfen und rundherum mit Salz und Pfeffer würzen. In der Pfanne im übrigen heißen Öl auf beiden Seiten jeweils 2–3 Minuten goldbraun braten.

4 ⅔ des Korianders mit der Kaki, den abgetropften Frühlingszwiebeln und dem Reisessig locker unter den Pak Choi mischen und den Salat mit Sesamöl und Salz abschmecken. Zusammen mit dem Fisch auf Tellern anrichten, mit dem übrigen Koriander und den Sprossen garniert servieren.

Steckt voller Nährstoffe

ZUTATEN

18 g KH

- 50 g Sultaninen
- 4 Lammsteaks (à 150 g)
- ½ TL Kreuzkümmelpulver
- Salz und Pfeffer
- Cayennepfeffer
- 3 EL Rapsöl
- 400 g Brokkolini
- 1 Schalotte
- 30 g Cashewkerne
- 2 EL Limettensaft
- 1 EL Mandelmus
- 1 TL Honig

FÜR 4 PORTIONEN | 35 MIN.
LAC GLU

Lammsteak mit Brokkolini und nussiger Sauce

PRO PORTION 435 kcal | 38 g E | 23 g F

1 Sultaninen mit etwas heißem Wasser übergießen und kurz ziehen lassen. Inzwischen das Lammfleisch trocken tupfen und mit Kreuzkümmel, Salz und Cayennepfeffer würzen. In einer Pfanne in 2 EL heißem Öl auf beiden Seiten jeweils 2–3 Minuten goldbraun braten. Dann bei milder Hitze rosa gar ziehen lassen.

2 Den Brokkolini waschen, putzen und in kochendem Salzwasser 3–4 Minuten blanchieren. Für die Sauce Schalotte schälen und fein würfeln. In einer Pfanne im übrigen Öl glasig dünsten. Die Cashewkerne hacken und kurz mitbraten. Etwas Wasser und den Limettensaft angießen und einige Minuten köcheln lassen. Das Mandelmus mit dem Honig untermischen und alles mit Salz und Pfeffer abschmecken.

3 Die Lammsteaks kurz ruhen lassen, dann in Scheiben schneiden. Brokkolini und Sultaninen gut abtropfen lassen und mit dem Lamm auf Tellern anrichten. Mit der Sauce beträufeln und servieren.

FÜR 4 PORTIONEN | 45 MIN.
GLU

Blumenkohl-Risotto mit Lachs und Garnelen

PRO PORTION | 477 kcal | 42 g E | 29 g F

ZUTATEN — 9 g KH

- 1 unbehandelte Zitrone
- 800 g Blumenkohl
- 50 g Portulak
- 1 Zwiebel
- 2 Knoblauchzehen
- 400 g Lachsfilet (ohne Haut)
- 150 g geschälte Garnelen
- 2 EL Butter
- 500 ml Gemüsebrühe
- 50 g geriebener Parmesan
- Salz und Pfeffer
- 2 EL Olivenöl
- Chiliflocken

HILFSMITTEL
- Veggie Ricer (erhältlich unter www.lowcarb.de/shop)

1 Zitrone heiß waschen, Schale fein abreiben, den Saft auspressen. Den Blumenkohl waschen, putzen und im Veggie Ricer zerkleinern oder auf einer Küchenreibe raspeln. Die Raspel mit dem Zitronensaft mischen. Portulak abspülen und trocken schütteln. Die Zwiebel und den Knoblauch schälen und fein hacken. Dann Lachs und Garnelen trocken tupfen.

2 Butter in einem Topf erhitzen, Zwiebel sowie Knoblauch darin glasig dünsten. Die Blumenkohlraspel zugeben und mitdünsten. Mit der Brühe ablöschen und offen 5–10 Minuten köcheln lassen. Zitronenschale und etwa 30 g Parmesan unterrühren. Das Risotto mit Salz und Pfeffer abschmecken.

3 In einer Pfanne das Öl erhitzen und die Lachswürfel darin rundherum anbraten. Die Garnelen zugeben und weitere 2–3 Minuten mitbraten, salzen und pfeffern. Das Blumenkohl-Risotto auf Teller verteilen und mit dem restlichen Parmesan bestreuen. Die gebratenen Lachswürfel und die Garnelen darauf anrichten, alles mit Pfeffer und Chiliflocken bestreuen und mit Portulak garniert servieren.

• **TIPP** • Bereite dir deinen Blumenkohl wie eine Art Risotto zu, als Reis aus dem Veggie Ricer im Topf mit Brühe gegart und mit Parmesan verfeinert. Für einen Hauch Frische kommen dann Zitronensaft und -abrieb dazu.

ZUTATEN

12 g KH

- 300 g grüner Spargel
- 200 g violetter Spargel
- Etwas Rapsöl zum Fetten der Form
- 80 g Bergkäse
- 12 Eier
- 150 ml Milch
- Etwas frisch geriebene Muskatnuss
- Salz und Pfeffer
- 3 EL Olivenöl
- ½ TL abgeriebene Zitronenschale
- 1 TL getrockneter Oregano
- ½ Bund gemischte Kräuter (z. B. Dill, Basilikum und Schnittlauch)
- 4 EL Leinsamen

HILFSMITTEL
- 4 kleine Auflaufförmchen

FÜR 4 PORTIONEN | 50 MIN.
VEG GLU

Spargel-Frittata

PRO PORTION | 500 kcal | 30 g E | 39 g F

1 Spargel im unteren Drittel schälen, von den holzigen Enden befreien und die Stangen je nach Größe halbieren oder dritteln. In kochendem Salzwasser 5 Minuten blanchieren, dann abgießen, abschrecken und abtropfen lassen.

2 Den Backofen auf 180 °C Umluft vorheizen. 4 kleine Förmchen mit etwas Öl auspinseln. Den Käse reiben. Eier mit Milch und Käse verquirlen. Mit Muskat, Salz und Pfeffer würzen und die Mischung in den 4 Förmchen verteilen. Die Spargelstangen daraufgeben und die Frittata dann im vorgeheizten Ofen für 20–25 Minuten goldbraun backen.

3 Inzwischen das Olivenöl mit Zitronenschale, Oregano, etwas Salz und Pfeffer verquirlen. Die Kräuter waschen, trocken schütteln und die abgezupften Blättchen fein hacken.

4 Frittata aus dem Ofen nehmen, mit je 1 EL Leinsamen bestreuen, mit den Kräutern garnieren und mit dem Öl beträufelt servieren.

• TIPP • Für die unterschiedlichen Farben des Spargels – weiß, grün und violett – ist der Grad an Sonneneinstrahlung verantwortlich, dem die Spargelstangen ausgesetzt sind. Der violette Spargel hat am meisten Sonne abbekommen und verfärbt sich deshalb. Außerdem schmeckt er aromatischer als das weiße Königsgemüse. Solltest du keinen violetten Spargel bekommen, ersetze ihn am besten durch entsprechend mehr grünen Spargel und nicht durch weißen, weil die beiden Sorten unterschiedliche Garzeiten haben.

SPARGEL

Du liebst Spargel genauso wie wir? Dann findest du hier mit nur einem Klick noch mehr tolle Spargel-Rezepte!

ZUTATEN

10 g KH

- 500 g Blumenkohl
- Salz und Pfeffer
- 150 g Spinat
- 1 Knoblauchzehe
- 2 Eier
- 150 g geriebener Emmentaler
- 50 g Mandelmehl
- 3 Tomaten
- 150 g Eisbergsalat
- 150 g griechischer Joghurt

HILFSMITTEL
- Veggie Ricer (erhältlich unter www.lowcarb.de/shop)

FÜR 4 PORTIONEN | 60 MIN.
VEG GLU

Blumenkohl-Spinat-Tacos

PRO PORTION 365 kcal 24 g E | 25 g F

1 Den Backofen auf 200 °C Umluft vorheizen. Zwei Backbleche mit Backpapier belegen.

2 Blumenkohl waschen, putzen und in Röschen teilen. In Salzwasser circa 8 Minuten kochen, abschrecken, gut abtropfen lassen. Den Spinat waschen, verlesen und ebenfalls in kochendem Salzwasser 1–2 Minuten blanchieren. Dann abschrecken, gut ausdrücken und hacken. Den Knoblauch schälen und fein hacken.

3 Den Blumenkohl mit dem Veggie Ricer oder per Hand fein-krümelig zerkleinern. Die Eier mit Käse, Mandelmehl, Spinat und Knoblauch untermischen und alles mit Salz und Pfeffer würzen. Je Blech 2 Portionen daraufgeben und zu einem dünnen, runden Taco glatt streichen. Im vorgeheizten Ofen etwa 30 Minuten goldbraun backen.

4 Für die Füllung die Tomaten und den Salat waschen und putzen. Die Tomaten in Scheiben schneiden und den Salat zerpflücken. Tacos aus dem Ofen nehmen. Jeden Taco zur Hälfte mit Tomaten und Salat belegen und den Joghurt in Klecksen darübergeben. Mit Salz und Pfeffer würzen, zusammenklappen und servieren.

FÜR 4 PORTIONEN | 30 MIN.
GLU

Schnelles Chili mit Blumenkohlpüree

PRO PORTION 448 kcal | 28 g E | 27 g F

1 Zwiebel und Knoblauch schälen und fein würfeln. Die Paprikaschote waschen, putzen und dann 1–1,5 cm groß würfeln. Alles in einer Pfanne im heißen Öl andünsten. Das Hackfleisch zufügen und unter Wenden mitbraten, bis es krümelig ist. Die Brühe angießen und alles salzen, pfeffern und kräftig mit Chiliflocken würzen. Die Tomaten untermischen, Chili 10–15 Minuten köcheln lassen.

2 Inzwischen den Blumenkohl waschen, putzen und in Röschen teilen. Die Kartoffeln schälen, waschen und in Stücke schneiden. Alles mit der Milch in einen Topf geben, mit Salz und Muskat würzen und zugedeckt in etwa 15 Minuten weich garen. Das Gemüse mit dem Kartoffelstampfer fein zerdrücken, dabei die Butter untermischen und bei Bedarf noch etwas Milch ergänzen. Dann mit Salz und Muskat abschmecken.

3 Jeweils etwas Püree in Schalen oder tiefe Teller verteilen. Das Chili je nach gewünschter Schärfe abschmecken, auf das Püree geben und servieren.

• **TIPP** • Dieses Chili lässt sich ideal für mehrere Tage zubereiten. Einfach ein paar Portionen einfrieren, dann hast du immer schnell was Gutes auf dem Tisch, wenn mal die Zeit zum Kochen fehlt.

ZUTATEN — 25 g KH

- 1 Zwiebel
- 1 Knoblauchzehe
- 1 gelbe Paprikaschote
- 2 EL Olivenöl
- 400 g Rinderhackfleisch
- 150 ml Fleischbrühe
- Salz und Pfeffer
- Chiliflocken
- 400 g Kirschtomaten (Dose)
- 600 g Blumenkohl
- 200 g mehlig kochende Kartoffeln
- 200 ml Milch
- Etwas frisch geriebene Muskatnuss
- 30 g Butter

EASY

ZUTATEN

19 g KH

- 1 unbehandelte Zitrone
- 1 Hand voll Rucolasprossen
- 4 Avocados
- 300 g Hüttenkäse
- Salz und Pfeffer
- 1–2 EL Olivenöl
- 2–4 Scheiben Low Carb-Brot in Streifen (z. B. Walnussbrot, siehe Seite 106)

FÜR 4 PORTIONEN | 10 MIN.
VEG GLU

Avocado mit Hüttenkäse und Sprossen

PRO PORTION 389 kcal 14 g E | 28 g F

1 Die Zitrone heiß waschen, trocken tupfen und halbieren. Eine Hälfte in dünne Spalten schneiden, die andere Hälfte auspressen. Die Rucolasprossen waschen und dann trocken tupfen.

2 Die Avocados halbieren, den Kern vorsichtig entfernen und die Hälften mit Zitronensaft beträufeln. Den Hüttenkäse auf die Avocadohälften verteilen und mit den Sprossen bestreuen. Alles salzen, pfeffern und nach Belieben mit ein paar Tropfen Olivenöl beträufeln. Die Avocadohälften mit Zitronenspalten garnieren und mit Brotstreifen servieren.

• **TIPP** • Zwei Top-Foods der Low Carb-Küche werden zu einem schnellen, einfachen Mittagessen, das dich an besonders stressigen Tagen rettet. Avocado und Hüttenkäse solltest du immer im Haus haben, denn so kannst du dir jederzeit dieses SOS-Gericht zubereiten. So läufst du nicht Gefahr, doch zu einer ungesunden Alternative zu greifen und bleibst deiner Linie auf köstliche Weise treu. Das Brot kannst du fertig kaufen oder dir auf Vorrat selber backen. Natürlich schmeckt diese Kombination auch ohne Brotbeilage, aber mit ein paar Kürbiskernen on top.

FÜR 4 PORTIONEN | 30 MIN.
GLU

Keto-Wraps mit Schinken und Pesto-Creme

PRO PORTION 347 kcal | 14 g E | 30 g F

1 Die Eier in einer Schüssel verquirlen, mit Salz und Pfeffer würzen. In einer Pfanne nacheinander je ½ EL Olivenöl erhitzen und je ¼ der Eiermasse eingießen. In etwa 1–2 Minuten pro Seite zu einem dünnen Omelett stocken lassen. Auf diese Weise 4 Omeletts herstellen.

2 Den Rucola verlesen, waschen, trocken schütteln und die groben Stiele entfernen. Die Tomaten waschen, von den Stielansätzen befreien und in dünne Scheiben schneiden. Crème fraîche, Joghurt und Pesto verrühren und mit Salz und Pfeffer abschmecken.

3 Zum Servieren die Omeletts mit etwas Pesto-Creme bestreichen und mit je einer Scheibe Schinken, Rucola und Tomaten belegen. Aufrollen, schräg halbieren und auf Tellern anrichten. Übrige Creme dazu reichen.

• **TIPP** • Dieser Wrap ist nicht nur besonders eiweißreich, sondern auch für Keto geeignet. Das heißt, dass er noch weniger Kohlenhydrate als andere Gerichte aufweist – und einen relativ hohen Fettanteil. Darauf wird bei der ketogenen Ernährung besonders Wert gelegt.

ZUTATEN — 6 g KH

- 4 Eier
- Salz und Pfeffer
- 3 EL Olivenöl
- 200 g Rucola
- 3 Tomaten
- 100 g Crème fraîche
- 100 g Joghurt
- 2 EL grünes Pesto
- 80 g Kochschinken in dünnen Scheiben

Wie du aromatisches grünes Pesto selber machst, erfährst du auf lowcarb.de!

Kleiner Booster
Zwischenmahlzeit

DIESE SMARTEN SNACKS SIND WAHRE RETTER IN DER NOT: POWERRIEGEL MIT NÜSSEN, KETO-SAMEN-CRACKER ODER KÄSE-MANDEL-BITES – DIE SIND SCHNELL GEMACHT, LECKER UND LEICHT UND HELFEN EFFEKTIV GEGEN ENERGIE-TIEFS.

ZUTATEN

6 g KH

- 600 g Kabeljaufilet (ohne Haut und Gräten)
- ½ Stiel Zitronengras
- 1 Knoblauchzehe
- 1 Frühlingszwiebel
- 1 EL Fischsauce
- 1 EL Speisestärke
- 2 EL Limettensaft
- 1 Stiel Dill
- 2 Stiele Koriander
- Salz und Pfeffer
- 2 EL Rapsöl

FÜR 4 PORTIONEN | 30 MIN.
LAC GLU

Fischfrikadellen

PRO PORTION 211 kcal | 27 g E | 9 g F

1 Das Kabeljaufilet waschen, trocken tupfen und fein würfeln oder hacken.

2 Das Zitronengras von den äußeren Blättern befreien, putzen. Knoblauch schälen, Frühlingszwiebel putzen und waschen. Alles fein hacken. Mit dem Fischhack, Fischsauce, Stärke und Limettensaft vermischen. Dill und Koriander waschen, trocken schütteln, die Blättchen abzupfen, hacken und untermischen.

3 Die Masse mit Salz und Pfeffer würzen, in 8 Portionen teilen und zu Frikadellen formen. Öl in einer großen Pfanne erhitzen und die Frikadellen darin 2–3 Minuten pro Seite leicht gebräunt braten. Herausnehmen und servieren.

• **TIPP** • Zum Mitnehmen beispielsweise in mit Papier ausgelegte Lunchboxen packen.

Ideal zum Mitnehmen

FÜR 4 PORTIONEN | 60 MIN. ZZGL. 10 MIN. RUHEZEIT
V VEG LAC GLU

Samen-Cracker mit Avocado-Grünkohl-Dip

PRO PORTION | 185 kcal | 6 g E | 17 g F

ZUTATEN — 4 g KH

- 75 g Leinsamen
- 75 g Kürbiskerne
- 50 g Sesamsamen
- 4 EL Mandelmehl
- 2 EL leicht flüssiges Kokosöl
- Salz und Pfeffer
- 3 Avocados
- 200 g Grünkohl
- 1 kleine grüne Chilischote
- 1 unbehandelte Zitrone
- 4 EL Olivenöl
- ¼ Beet Kresse

1 Kerne mit Mandelmehl in eine Schüssel geben, mit 125 ml heißem Wasser übergießen und etwa 10 Minuten quellen lassen. Dann den Backofen auf 175 °C Ober-/Unterhitze vorheizen.

2 Das Kokosöl zur Kernmischung hinzufügen, leicht salzen, alles vermischen und Masse auf einem mit Backpapier belegten Backblech etwa 5 mm dünn ausstreichen. Das Blech für 25–30 Minuten in den vorgeheizten Ofen geben. Herausnehmen, abkühlen lassen und die Cracker in Stücke brechen.

3 Inzwischen für den Dip die Avocados halbieren, den Stein entfernen, das Fruchtfleisch mit einem Löffel aus der Schale heben und grob würfeln. Den Grünkohl verlesen, grobe Stiele entfernen, waschen, trocken schütteln und klein schneiden. Die Chilischote waschen, putzen und klein schneiden. Zitrone heiß waschen. Die Schale fein abreiben, den Saft auspressen.

4 Avocado, Grünkohl und Chili zusammen mit dem Olivenöl in einen Mixer geben und grob pürieren. Alles mit Zitronenschale, -saft, Salz sowie Pfeffer abschmecken. Kresse vom Beet schneiden, dann waschen und trocken schütteln. Den Dip in eine Schale füllen, mit Kresse garnieren und zusammen mit den Crackern servieren.

ZUTATEN

16 g KH

- 250 g Quark
- 75 ml Rapsöl
- 1 Ei zzgl. 1 Eigelb
- 1 Prise Salz
- 60 g getrocknete Früchte (z. B. Kirschen, Cranberrys, Rosinen)
- 4 EL Dinkelflocken
- 150 g Dinkelvollkornmehl zzgl. etwas mehr zum Bearbeiten
- 1 TL Weinstein-Backpulver
- 2 EL Milch

FÜR 12 STÜCK | 50 MIN. ZZGL. 30 MIN. KÜHLZEIT

VEG

Müsli-Quark-Hörnchen mit Trockenobst

PRO STÜCK 170 kcal | 6 g E | 9 g F

1 Quark mit Öl, Ei und Salz in einer Schüssel glatt rühren. Früchte sehr klein schneiden, zusammen mit Flocken, Mehl und Backpulver unterkneten. Masse abgedeckt etwa 30 Minuten kalt stellen.

2 Backofen auf 200 °C Ober-/Unterhitze vorheizen. Ein Backblech mit Backpapier belegen. Teig auf einer leicht bemehlten Arbeitsfläche zum Kreis (Ø etwa 36 cm) ausrollen und in 12 Tortenstücke schneiden. Zu Hörnchen aufrollen, rundlich formen und dann auf das Blech legen.

3 Das Eigelb mit der Milch verquirlen und die Teiglinge damit einpinseln. Im vorgeheizten Ofen etwa 25 Minuten goldbraun backen. Herausnehmen, etwas abkühlen lassen, lauwarm oder vollständig abgekühlt servieren.

Schmeckt der ganzen Familie

ZUTATEN FÜR 16 STÜCK | 20 MIN. ZZGL. 60 MIN. KÜHLZEIT
V VEG LAC GLU

Powerriegel mit Feigen und Walnüssen

PRO STÜCK | 191 kcal | 4 g E | 13 g F

1 Feigen, Ingwer, Walnüsse und die Kakaonibs in einem Blitzhacker oder einer Küchenmaschine zerkleinern. Sesam in einer Pfanne ohne Zugabe von Fett rösten, bis er zu duften beginnt. Zur Seite ziehen, etwas abkühlen lassen.

2 Kokosöl, Sesam und Vanille zum Rest geben, nochmals kurz durchmixen, damit sich alles verbindet. Hände anfeuchten und die Masse in eine geölte, eckige Form pressen, gleichmäßig andrücken. Für mindestens 1 Stunde kühl stellen und fest werden lassen.

3 Die Platte auf ein Brett stürzen und in gleich große Riegel (etwa 9 × 3 cm) schneiden und servieren.

• **TIPP** • Für gleichmäßig geformte Riegel kannst du die Masse auch in eine Silikon-Flexiform geben.

ZUTATEN 15 g KH

- 300 g getrocknete Feigen
- 60 g kandierter Ingwer
- 200 g Walnusskerne
- 2 EL rohe Kakaonibs
- 4 EL helle Sesamsaat
- 2 EL Kokosöl zzgl. etwas mehr zum Fetten der Form
- 1 TL Vanilleextrakt

HILFSMITTEL

- Eckige Form (etwa 24 × 18 cm) oder Silikon-Flexiform (erhältlich unter www.lowcarb.de/shop)

ZUTATEN

18 g KH

- 4 Kiwis
- 350 g Papaya
- 150 g Himbeeren
- 150 g Blaubeeren
- 2 Stiele Minze
- 200 g griechischer Joghurt
- 1 TL Zitronensaft

FÜR 4 PORTIONEN | 15 MIN.
VEG GLU

Frucht-Bowl mit Joghurtsauce

PRO PORTION 151 kcal 4 g E | 6 g F

1 Die Kiwis und die Papaya schälen und in etwa 1,5 cm große Stücke schneiden. Die Beeren verlesen, vorsichtig waschen und trocken tupfen.

2 Die Minze waschen, trocken schütteln und die Blättchen abzupfen. Blätter fein hacken und mit Joghurt und Zitronensaft verrühren.

3 Das Obst mischen und in Schüsseln anrichten. Den Joghurt darauf verteilen und servieren.

• **TIPP** • Dieses 15-Minuten-Rezept ist ein Must-have, das du auch immer dann nutzen kannst, wenn du dringend einen süßen Snack oder gesunden Nachtisch brauchst.

FÜR 2 PORTIONEN | 30 MIN.
V VEG LAC GLU

Sellerie-Pommes mit Currymarinade

PRO PORTION | 172 kcal | 3 g E | 16 g F

1 Den Sellerie schälen, waschen und in gleich große Stifte schneiden. Den Sellerie in einen Dämpfaufsatz geben und in einen Topf mit kochendem Wasser setzen. Für 10–15 Minuten dämpfen.

2 Für die Marinade das Kokosöl erwärmen. Das Currypulver, Paprikapulver, Salz und Kümmel einrühren. Die Marinade über die Selleriepommes geben, vermengen und etwas durchziehen lassen. Warm oder kalt servieren.

• **TIPP** • Alternativ kann der Sellerie auch gekocht werden. Ihn dafür in kaltem Wasser aufsetzen und leicht köcheln lassen.
Diese Pommes schmecken warm oder kal. Dazu passen Burger, Fleisch, Fisch oder Ei.

ZUTATEN — 5 g KH
- 500 g Knollensellerie
- 2 EL Kokosöl
- 4 TL Currypulver
- 2 TL edelsüßes Paprikapulver
- Salz
- 1 TL gemahlener Kümmel

HILFSMITTEL
- Dämpfaufsatz

Echtes Comfort Food

Käse-Mandel-Bites

ZUTATEN — 1 g KH

- 250 g Camembert
- 1 Schalotte
- 100 g Frischkäse
- Salz und Pfeffer
- 1 TL Senf
- 125 g Mandelkerne

FÜR 16 STÜCK | 10 MIN. ZZGL. 30 MIN. KÜHLZEIT
VEG GLU

PRO STÜCK 127 kcal 5 g E | 11 g F

1 Den Camembert würfeln und in einer Schüssel mit einer Gabel zerdrücken. Schalotte schälen und fein würfeln. Mit Camembert und Frischkäse vermengen und alles mit Pfeffer sowie Senf abschmecken. Für etwa 30 Minuten kalt stellen.

2 Die Mandeln grob hacken und in einen tiefen Teller geben. Mithilfe von 2 Löffeln die Käsemasse portionsweise zu Kugeln formen und in den gehackten Mandeln wälzen. Die Käse-Mandel-Bites bis zum Servieren kühl stellen.

• **TIPP** • Keine Lust aufs Kugelnformen? Dann hol dir Hilfe in unserem Shop: Mit dem Veggie Balls Maker geht's nämlich supereasy und schnell! www.lowcarb.de/shop

Würziger Snack

FÜR 20 STÜCK | 50 MIN. ZZGL. 3 STD. KÜHLZEIT
VEG GLU

Selbst gemachtes Bounty

PRO STÜCK 149 kcal | 1 g E | 14 g F

ZUTATEN 4 g KH
- 70 g natives Kokosöl
- 1 Vanilleschote
- 200 g Kokosraspel
- ¼ TL Salz
- 200 g zuckerfreie Zartbitterschokolade

HILFSMITTEL
- Auflaufform (24 × 10 cm)

1 Die Auflaufform mit Backpapier auslegen. In einem kleinen Topf 60 g Kokosöl zerlassen, in eine Rührschüssel geben und etwas abkühlen lassen. Vanilleschote der Länge nach halbieren und das Mark herauslösen. 175 g Kokosraspel, Vanille, Salz und 2–3 EL Wasser hinzufügen und alles mischen. Falls die Masse zu fest ist, etwas mehr Wasser zugeben.

2 Die Masse mit einem Löffel gleichmäßig in der vorbereiteten Form verteilen, etwas fest drücken und etwa 2 Stunden kalt stellen. Die Kokosplatte mithilfe des Backpapiers aus der Form heben. In etwa 24 Riegel schneiden und noch einmal kühl stellen.

3 Die Schokolade grob hacken, mit dem übrigen Öl über dem heißen Wasserbad unter Rühren schmelzen. Die Kokosriegel einzeln mit einer Gabel in die Schokolade tunken und rundum damit überziehen.

4 Abtropfen lassen und auf einem Kuchengitter etwa 1 Stunde fest werden lassen, davor jeden Riegel mit 1 Prise Kokosraspel bestreuen. Fest werden lassen und servieren. Im Kühlschrank aufbewahren.

• **TIPP** • Wenn du mal richtig Lust auf einen Schokoriegel hast, musst du in deiner Low Carb-Ernährung zum Glück nicht ganz darauf verzichten. Das macht's dir leichter.

ZUTATEN

6 g KH

- 1 Gurke
- 1 rote Spitzpaprika
- 100 g Radieschen
- 50 g schwarze, entsteinte Oliven
- ½ Bund Schnittlauch
- ½ unbehandelte Zitrone
- 1 Knoblauchzehe
- 200 g Hüttenkäse
- 1 EL Olivenöl
- Salz

FÜR 4 PORTIONEN | 20 MIN.
VEG GLU

Hüttenkäse-Salat

PRO PORTION 126 kcal 8 g E | 8 g F

1 Gurke, Paprika und Radieschen waschen und putzen. Die Gurke längs halbieren und entkernen. Alles raspeln. Oliven abtropfen lassen und klein schneiden. Den Schnittlauch waschen, trocken schütteln und in feine Röllchen schneiden. Dann die Zitrone heiß waschen. Die Schale fein abreiben und den Saft auspressen.

2 Den Knoblauch schälen und in eine Schüssel pressen. Mit dem Hüttenkäse, Zitronensaft, -schale, Öl und etwas Salz verrühren und dann alle vorbereiteten Zutaten untermischen. Salat abschmecken und in ein Schälchen gefüllt servieren.

Besonders kalorienarm

FÜR ETWA 30 STÜCK | 90 MIN.
VEG

Kräuter-Windbeutel mit Trauben-Gorgonzola-Creme

PRO STÜCK | 81 kcal | 3 g E | 6 g F

1 Backofen auf 200 °C Ober-/Unterhitze vorheizen. Kräuter waschen, trocken schütteln und die abgezupften Blättchen fein hacken. Für den Brandteig 250 ml Wasser mit der Butter und 1 Prise Salz in einem Topf aufkochen. Das Mehl auf einmal dazugeben. Alles mit einem Kochlöffel verrühren, bis sich der Teig als Kloß vom Topfboden löst. Den Teig in einer Schüssel abkühlen lassen.

2 Die Eier verquirlen, die gehackten Kräuter unterrühren. Die Mischung kräftig mit Salz, Pfeffer und Paprikapulver würzen, dann mit den Knethaken des Handrührgeräts unter den noch leicht warmen Teigkloß mengen. Alles zu einem glatten Teig verkneten. Diesen in einen Spritzbeutel mit Lochtülle geben und etwa 30 kleine Tupfen mit etwas Abstand zueinander auf mit Backpapier belegte Backbleche spritzen. Teiglinge blechweise im vorgeheizten Ofen in 20–25 Minuten goldgelb backen. Backofen während der Backzeit nicht öffnen.

3 Trauben waschen, von der Rispe zupfen und halbieren. Die Nüsse hacken. Gorgonzola und Milch glatt rühren. Nüsse und Trauben dazugeben und die Creme mit Salz und Pfeffer würzig abschmecken. Windbeutel auf einem Kuchengitter auskühlen lassen. Mit der Trauben-Gorgonzola-Creme servieren.

ZUTATEN — 5 g KH

- ½ Bund gemischte Kräuter (z. B. Petersilie, Thymian, Dill)
- 65 g Butter
- Salz und Pfeffer
- 125 g Mehl
- 3 Eier
- 1 TL edelsüßes Paprikapulver
- 250 g grüne und blaue kernlose Weintrauben
- 80 g Walnusskerne
- 150 g Gorgonzola
- 4–5 EL Milch

HILFSMITTEL
- Spritzbeutel mit Lochtülle

Gesunde Durstlöscher
Getränke

KALORIENARM & WENIGE KOHLENHYDRATE – DIESE GETRÄNKE, SHAKES UND SMOOTHIES FÖRDERN DEINE GESUNDHEIT IDEAL UND BRINGEN ABWECHSLUNG ZU KAFFEE, TEE UND WASSER IN DEIN GLAS!

ZUTATEN

8 g KH

INGWER-APFEL-SHOT
- 50 g Ingwer
- 20 g Kurkuma
- 1 säuerlicher Apfel
- 2 Zitronen

KAROTTEN-INGWER-SHOT
- 50 g Ingwer
- 1 Karotte
- 2 Orangen

SPINAT-INGWER-SHOT
- 50 g Ingwer
- 1 Kiwi
- 1 kleine, grüne Birne
- 30 g junger Spinat
- 2 Zitronen

GRANATAPFEL-INGWER-SHOT
- 50 g Ingwer
- 1 Granatapfel
- 1 Zitrone
- 100 ml Rote-Bete-Saft
- 1 EL Xylit

HILFSMITTEL
- Mixer

4 FLASCHEN (À 300 ML) | 30 MIN.
V VEG LAC GLU

Bunte Ingwershots
mit Apfel, Karotte, Spinat und Granatapfel

PRO FLASCHE | **35 kcal** | 1 g E | 1 g F

1 Für den Ingwer-Apfel-Shot Ingwer und Kurkuma schälen, fein würfeln. Apfel waschen, putzen, klein würfeln. Zitronen halbieren, auspressen. Alle Zutaten mit 50 ml Wasser im Mixer erst auf niedriger, dann auf höchster Stufe pürieren.

2 Für den Karotten-Ingwer-Shot den Ingwer schälen, fein würfeln. Karotte putzen, schälen, fein reiben. Orangen halbieren, Saft auspressen. Vorbereitete Zutaten im Mixer erst auf niedriger, dann auf höchster Stufe fein pürieren.

3 Für den Spinat-Ingwer-Shot Ingwer schälen, fein würfeln. Kiwi schälen, klein schneiden. Die Birne waschen, putzen und würfeln. Den Spinat verlesen, waschen, trocken schütteln, grobe Stiele entfernen. Zitronen halbieren, Saft auspressen. Alles im Mixer fein pürieren.

4 Für den Granatapfel-Ingwer-Shot den Ingwer schälen und fein würfeln. Granatapfel halbieren und den Saft auspressen. Den Granatapfelsaft, Ingwer, Zitronensaft, Rote-Bete-Saft und Xylit im Mixer fein pürieren.

• **TIPP** • Fülle alle Shots zum Aufbewahren in jeweils eine saubere Flasche (etwa 300 ml) und stelle sie in den Kühlschrank. Dort halten sie sich 2–3 Tage.

FÜR 4 GLÄSER (À 350 ML) | 10 MIN.
VEG GLU

Apfel-Vanille-Shake

PRO PORTION 230 kcal 23 g E | 5 g F

1 Äpfel waschen, in Stücke schneiden, in einen Mixer geben und zerkleinern. Magerquark, Mandelmilch sowie gemahlene Vanille hinzugeben und fein pürieren.

2 Shake in vier Gläser füllen und servieren.

• **TIPP** • Du möchtest dir deine Pflanzenmilch selbst machen und so auf unnötige Zusatzstoffe verzichten? Dann schau unter lowcarb.de/shop nach dem Veggie Drinks Maker und stelle damit im Handumdrehen deine eigene Nussmilch her!

ZUTATEN 23 g KH
- 2 Äpfel
- 600 g Magerquark
- 800 ml Mandeldrink
- ¼ TL gemahlene Vanille

HILFSMITTEL
- Mixer

In maximal 10 Minuten fertig

ZUTATEN — 22 g KH

MATCHA-SHAKE
- 4 EL Mandelblättchen
- 400 g griechischer Joghurt
- 2 TL Matchapulver
- 400 ml Milch (1,5 % Fett)

HILFSMITTEL
- Mixer

ZUTATEN — 21 g KH

KIRSCH-SHAKE
- 400 g Skyr
- 200 g TK-Kirschen
- 400 ml kalte Milch (1,5 % Fett)
- 4 EL zuckerfreie Schokoladendrops

HILFSMITTEL
- Mixer

FÜR 4 GLÄSER À 250 ML | 10 MIN.
VEG GLU

Matcha-Shake & Kirsch-Shake

MATCHA-SHAKE PRO PORTION 322 kcal 14 g E | 24 g F
KIRSCH-SHAKE PRO PORTION 242 kcal 19 g E | 9 g F

1 Für den Matcha-Shake die Mandelblättchen in einer Pfanne ohne Zugabe von Fett goldbraun rösten. Aus der Pfanne nehmen und etwas abkühlen lassen. Den Joghurt mit dem Matchapulver und der Milch in einen Mixer geben und feincremig pürieren. Zum Servieren in vier Gläser füllen und mit den Mandelblättchen bestreuen.

2 Für den Kirsch-Shake den Skyr mit den Kirschen in einen Mixer geben. Fein pürieren und dabei die Milch einlaufen lassen. Den Shake in Gläser (etwa 250 ml) füllen und mit Low Carb-Schokodrops garniert servieren.

FÜR 4 GLÄSER (À 250 ML) | 15 MIN.
VEG GLU

Schneller Kokos-Himbeer-Shake

PRO PORTION | 182 kcal | 5 g E | 14 g F

1 Die Kokosraspeln in einer Pfanne ohne Fett leicht rösten. Aus der Pfanne nehmen und abkühlen lassen.

2 Himbeeren, Kokosmilch und Milch in einen Mixer geben und fein pürieren.

3 In vier Gläser füllen und mit den Kokosraspeln bestreuen, dann servieren.

• **TIPP** • Kokosmilch und Himbeeren passen perfekt zusammen und verleihen diesem Shake eine leicht exotische Note.

ZUTATEN 9 g KH

- 4 EL Kokosraspel
- 200 g TK-Himbeeren
- 200 g Kokosmilch
- 400 ml Milch (1,5 % Fett)

HILFSMITTEL

- Mixer

Kleine Stärkung

ZUTATEN

13 g KH

- 20 g Ingwer
- 100 g Honig
- 75 ml Apfelessig
- 50 ml Zitronensaft
- 1 unbehandelte Zitrone
- Eiswürfel nach Belieben

ZUTATEN FÜR 6 GLÄSER (À 300 ML) | 30 MIN.
VEG LAC GLU

Ingwerwasser „Switchel"

PRO PORTION 58 kcal | 0 g E | 0 g F

1 Den Ingwer schälen, fein hacken und mit 1,5 l Wasser aufkochen. Vom Herd nehmen und abgedeckt etwa 20 Minuten ziehen lassen.

2 Abkühlen lassen, durch ein feines Sieb in ein Gefäß abseihen, mit Honig, Essig und Zitronensaft verrühren. Die Zitrone heiß waschen, in Scheiben schneiden. Switchel mit einigen Eiswürfeln in Gläser füllen und mit Zitronenscheiben garniert servieren.

• **TIPP** • Switchel oder auch Ingwerwasser ist das Superfood unter den Getränken. Ingwer ist bekannt für seine antibakterielle Wirkung und fördert die Durchblutung. Somit ist ein Energieschub garantiert! Tu deinem Körper etwas Gutes und rüste ihn mit Vitaminen, Mineralien und Antioxidantien.

Ein echter Frischekick

FÜR 4 GLÄSER (À 200 ML) | 10 MIN.
V VEG LAC GLU

Smurf Latte mit Rote-Bete-Pulver

PRO PORTION 164 kcal | 4 g E | 8 g F

1 Alle Zutaten bis auf das Rote-Bete-Pulver in einen Mixer geben und so fein wie möglich pürieren. In Gläser gießen, mit Rote-Bete-Pulver bestäuben und nach Belieben mit wiederverwendbaren Strohhalmen servieren.

• **TIPP** • Was aussieht wie der Zaubertrank der Schlümpfe (engl. Smurfs), ist ein veganer Drink mit voller Pflanzenkraft: sättigende Mandelmilch, immunstärkender Ingwer, vitaminreiche Spirulina-Alge und zellschützende Rote Bete. Und wusstest du, dass in Sojalecithin Stoffe enthalten sind, die wichtig für deinen Fettstoffwechsel sind und blutdrucksenkend wirken sollen?

ZUTATEN 20 g KH
- 800 ml Mandelmilch
- 4 entsteinte Datteln
- 2 TL Ingwerpulver
- 2 TL Spirulinapulver
- 2 Msp. Sojalecithin
- 4 TL Rote-Bete-Pulver

HILFSMITTEL
- Mixer

ZUTATEN

7 g KH

- 30 g Mandelkerne
- 1 EL natives Kokosöl
- 75 g Blaubeeren
- 125 g Himbeeren
- 3 EL Erythrit
- 1 TL Chiasamen
- 60 g Proteinpulver (z. B. Vanille)

HILFSMITTEL
- Mixer

ZUTATEN FÜR 4 GLÄSER (À 250 ML) | 15 MIN.
VEG GLU

High-Protein-Beeren-Smoothie

PRO PORTION 141 kcal 15 g E | 6 g F

1 Die Mandeln in einer Pfanne im Kokosöl 2–3 Minuten bei mittlerer Hitze anrösten und kurz abkühlen lassen. Die Blaubeeren und Himbeeren verlesen, waschen und abtropfen lassen.

2 Beeren, Erythrit, geröstete Mandeln, Chiasamen, Proteinpulver und mindestens 600 ml Wasser in einem leistungsstarken Mixer auf höchster Stufe für etwa 30 Sekunden mixen. Den Smoothie auf Gläser verteilen und servieren.

• **TIPP** • Blau- und Himbeeren bekommst du das ganze Jahr über tiefgefroren. Für den Smoothie nimmst du deine Portionen einfach am Vorabend aus dem Gefrierfach und kannst sie dann frisch verarbeiten.

ZUTATEN FÜR 4 GLÄSER (À 250 ML) | 15 MIN.
V VEG LAC GLU

Grüner Smoothie mit Gurke, Kiwi und Minze

PRO PORTION 50 kcal | 1 g E | 1 g F

1 Limette waschen, die Schale fein abreiben und den Saft auspressen. Gurke waschen, putzen und klein schneiden. Die Kiwis schälen und ebenfalls klein schneiden. Die Minze waschen und die Blätter abzupfen.

2 Anschließend ⅔ der Minze mit den übrigen Zutaten und den Eiswürfeln in einem leistungsstarken Mixer mit etwa 500 ml Wasser fein mixen.

3 Nach Belieben mit etwas Xylit süßen. Zum Servieren in Gläser füllen und mit restlicher Minze garnieren. Nach Belieben Papierstrohhalme dazu reichen.

ZUTATEN 10 g KH
- 1 unbehandelte Limette
- 1 Gurke
- 3 Kiwis
- 3 Stiele Minze
- 9 Eiswürfel
- Etwas Xylit nach Belieben

HILFSMITTEL
- Mixer

Eiskalt genießen

ZUTATEN — 15 g KH

- 50 g gemahlene Mandeln
- 1 l Milch (3,5 % Fett)
- Etwas Xylit nach Belieben

HILFSMITTEL
- Mulltuch

FÜR 4 GLÄSER (À 250 ML) | 20 MIN. ZZGL. 8 STD. KÜHLZEIT
VEG GLU

Heiße Mandelmilch

PRO PORTION 246 kcal | 11 g E | 16 g F

1 Am Vortag Mandeln in einer Pfanne ohne Zugabe von Fett rösten, bis sie anfangen zu duften. Die Milch dazugeben und bis kurz vor dem Siedepunkt erhitzen. Vom Herd nehmen, abkühlen und über Nacht abgedeckt im Kühlschrank durchziehen lassen.

2 Am nächsten Tag die Milch durchrühren und durch ein Mulltuch in einen anderen Topf füllen. Dann unter ständigem Rühren erneut erhitzen und nach Belieben mit Xylit süßen. Mit einem Pürierstab oder Milchschäumer leicht aufschäumen, in Gläser füllen und servieren.

Hier weißt du, was drin steckt

FÜR 2 GLÄSER (À 250 ML) | 15 MIN.
V VEG LAC GLU

Rote-Bete-Smoothie mit Microgreens

PRO PORTION | 117 kcal | 6 g E | 1 g F

1 Die Rote Bete klein schneiden, dabei am besten Küchenhandschuhe tragen. Anschließend die Himbeeren bei Bedarf vorsichtig waschen. Die Microgreens waschen und trocken schütteln.

2 Rote Bete, Himbeeren, Sojadrink, etwa 100 ml Wasser, Orangensaft, Zitronensaft und die Hälfte der Microgreens in einen Mixer geben und fein pürieren. Bei Bedarf etwas Wasser zugeben und untermixen. In 2 Gläser füllen, mit übrigen Kräutern garnieren und sofort servieren.

ZUTATEN — 23 g KH

- 300 g gegarte, vakuumierte Rote Bete
- 50 g Himbeeren
- ½ Bund Microgreens (z. B. junge Rote-Bete-Blätter, Kresse oder Minze)
- 150 ml Sojadrink
- 50 ml Orangensaft
- 1–2 EL Zitronensaft

HILFSMITTEL
- Mixer

Wie du Microgreens selbst züchtest, was du alles brauchst und wofür du sie noch einsetzen kannst, erfährst du auf lowcarb.de unter „Ratgeber". Gelange über den QR-Code direkt an die richtige Stelle.

WWW.LOWCARB.DE

Zur Kaffeezeit
Süßes

**GENIESSEN OHNE REUE?
AUCH DAS GEHT BEIM
ABNEHMEN MIT LOWCARB.DE!
DENN WIR WISSEN:
SO HÄLTST DU BESSER DURCH!
WAFFELN, KÄSEKUCHEN & CO.
FÜR DIE SCHÖNE KAFFEEZEIT
GIBT ES NÄMLICH AUCH
IN DER GESUNDEN VARIANTE.**

ZUTATEN — 7 g KH

- 50 g Kokosmehl
- 2–3 EL Puderxylit
- 100 g Whey-Proteinpulver
- 2 EL Leinsamenmehl
- 2 TL Weinstein-Backpulver
- 200 ml Mandelmilch
- 200 g Skyr
- 3 Eier
- ½ TL Vanilleextrakt
- 2 TL Rapsöl

HILFSMITTEL
- Waffeleisen

FÜR 12 STÜCK | 30 MIN. ZZGL. 10 MIN. RUHEZEIT

VEG GLU

Protein-Waffeln

PRO STÜCK | 102 kcal | 11 g E | 5 g F

1 Kokosmehl, Xylit, Whey-Protein, Leinsamen und Backpulver vermischen. Die Mandelmilch mit dem Skyr, Eiern und Vanilleextrakt glatt rühren. Die Mehl-Mischung zugeben und alles glatt rühren. Etwa 10 Minuten ruhen lassen.

2 Das Waffeleisen heiß werden lassen und mit dem Öl fetten. Aus dem Teig goldbraune Waffeln ausbacken. Auf einen Teller stapeln und servieren.

• **TIPP** • Für ein leckeres Topping für 4 Personen 50 g Zartbitterschokolade hacken und über einem heißen Wasserbad schmelzen. 100 g gemischte Beeren verlesen, nach Bedarf vorsichtig waschen, putzen und trocken tupfen. Die Waffeln damit anrichten und servieren. Die Nährwerte pro Portion liegen dann bei: 75 kcal | 1 g E | 4 g F | 10 g KH.

Die darfst du dir gönnen

FÜR 12 STÜCK | 50 MIN.
VEG GLU

Blueberry-Cheesecake-Muffins

PRO STÜCK 136 kcal | 6 g E | 9 g F

1 Den Backofen auf 180 °C Umluft vorheizen. Die Mulden eines Muffinbackblechs mit Papierförmchen auskleiden. Die Beeren waschen und auf etwas Küchenpapier abtropfen lassen. Zitrone heiß waschen und die Schale fein abreiben.

2 Butter mit dem Xylit schaumig rühren, die Eier nach und nach unterschlagen. Den gut abgetropften Quark, Frischkäse, Eiweißpulver, Vanillemark, Zitronenschale und Salz unterrühren. Die Hälfte des Teigs in die Vertiefungen der Förmchen füllen, etwa 100 g Beeren daraufgeben und mit dem übrigen Teig bedecken.

3 Dann im vorgeheizten Ofen etwa 25 Minuten goldgelb backen. Falls die Muffins drohen, zu dunkel zu werden, mit Alufolie abdecken. Anschließend aus dem Ofen nehmen, etwas abkühlen lassen, aus der Form lösen und auf einem Kuchengitter auskühlen lassen. Mit übrigen Beeren bestreuen und servieren.

• **TIPP** • Dass die Muffins während des Abkühlens etwas zusammenfallen, kannst du nicht ganz verhindern. Sie sinken aber etwas weniger ein, wenn du sie 30 Minuten im geöffneten Ofen abkühlen lässt.

ZUTATEN — 9 g KH

- 200 g Blaubeeren
- ½ unbehandelte Zitrone
- 75 g weiche Butter
- 80 g Xylit
- 2 Eier
- 250 g Quark
- 125 g Frischkäse
- 50 g Vanille-Proteinpulver
- 1 Prise Vanillemark
- 1 Prise Salz

HILFSMITTEL
- Muffinbackblech mit 12 Mulden

ZUTATEN

2 g KH

- 2 unbehandelte Zitronen
- 100 g weiche Butter
- 100 g Frischkäse
- 125 g Erythrit
- 1 Ei
- 175 g Mandelmehl
- 75 g Kokosmehl
- 1 TL Weinstein-Backpulver
- ½ TL Natron
- 1 Prise Salz

ZUTATEN FÜR 24 STÜCK | 35 MIN.
VEG GLU

Zitronen-Kekse

PRO STÜCK 86 kcal 5 g E | 6 g F

1 Den Backofen auf 175 °C Ober-/Unterhitze vorheizen. Ein Backblech mit Backpapier auslegen.

2 Die Zitronen heiß waschen, die Schale fein abreiben und den Saft von 1 Zitrone auspressen. Butter mit Frischkäse und Erythrit cremig rühren. Ei unterrühren und alles gut vermischen.

3 Mandelmehl mit Kokosmehl, Backpulver, Natron sowie Salz vermengen und mit Zitronenschale und Zitronensaft in den Frischkäse-Ei-Mix unterrühren. Alles zu einem Teig verkneten.

4 Teig zu Kugeln formen, auf das Backblech setzen, etwas platt drücken. Im vorgeheizten Ofen für etwa 15 Minuten backen. Aus dem Ofen nehmen und auf einem Gitter auskühlen lassen, dann servieren.

Ohne Zucker und Mehl

FÜR 4 PORTIONEN | 20 MIN. ZZGL. 30 MIN. RUHEZEIT ZZGL. 1 STD. KÜHLZEIT
VEG GLU

Schoko-Chiapudding mit Beeren

PRO PORTION | 185 kcal | 10 g E | 13 g F

ZUTATEN — 13 g KH

- 100 g Chiasamen
- 400 ml Milch (3,5 % Fett)
- ½ TL Zimtpulver
- 1 Prise Vanilleextrakt
- 2 EL Erythrit
- 40 g Zartbitterschokolade
- 1 EL Kakaopulver
- 100 g gemischte Beeren (z. B. Blaubeeren und Brombeeren)
- 100 g Joghurt (1,5 % Fett)

1 Chiasamen mit Milch, 300 ml Wasser, Zimt, Vanilleextrakt und 1 EL Erythrit verrühren. Anschließend etwa 30 Minuten quellen lassen.

2 In der Zwischenzeit ¼ der Schokolade fein reiben und beiseitestellen. Die übrige Schokolade grob hacken und über einem heißen Wasserbad unter Rühren schmelzen. Herunternehmen und etwas abkühlen lassen.

3 Kakaopulver in etwas heißem Wasser auflösen und mit der noch flüssigen Schokolade unter den Chiapudding rühren. Den Chiapudding etwa 60 Minuten kalt stellen.

4 Beeren verlesen, bei Bedarf vorsichtig waschen. Chiapudding in Glasschalen anrichten. Joghurt mit dem restlichen Erythrit glatt rühren, mittig auf den Pudding setzen und mit den Beeren toppen. Den Schokoladen-Chiapudding mit Schokoraspeln bestreuen und servieren.

• TIPP • Das ist das perfekte Puddingrezept für deine Low Carb-Ernährung. Dieser gesunde Sattmacher wird deine Gelüste stillen. Außerdem gehören Chiasamen einfach zu Low Carb dazu und versorgen dich mit Omega-3-Fettsäuren, Eiweiß und Ballaststoffen. Das Superfood unterstützt deine Verdauung und reguliert deinen Blutzucker.

EASY

FÜR 30–35 STÜCK | 25 MIN. ZZGL. 15 MIN. KÜHLZEIT
VEG GLU

Chocolate Chip Cookies

PRO STÜCK 73 kcal 3 g E | 5 g F

ZUTATEN — 4 g KH

- 50 g Zartbitterschokolade
- 150 g kalte Butter
- 200 g entöltes Mandelmehl
- 60 g Xylit
- 1 Ei

1 Schokolade fein hacken. Butter in kleine Stücke schneiden, mit Mandelmehl, Xylit, dem Ei und 3–4 EL kaltem Wasser zügig zu einem formbaren Teig verkneten. Zum Schluss unter den Teig kneten. Zu einer Rolle (Ø etwa 5 cm) formen, in Frischhaltefolie wickeln und etwa 15 Minuten kalt stellen.

2 Den Backofen auf 180 °C Ober-/Unterhitze vorheizen und ein Backblech mit Backpapier belegen. Die Teigrolle in etwa 7 mm dicke Scheiben schneiden und auf das Backblech legen. Die Cookies im vorgeheizten Ofen etwa 10 Minuten goldbraun backen. Aus dem Ofen nehmen und auf einem Rost auskühlen lassen.

• **TIPP** • Unser Favorit ist eindeutig die amerikanische Version des Chocolate Chip Cookies, der lässt alle Schoki-Herzen höher schlagen. Für diese Low Carb-Variante brauchst du nur 5 Zutaten – also leg gleich los mit Backen!

Für Schoki-Fans

FÜR 12 STÜCKE | 90 MIN.
VEG GLU

Käsekuchen ohne Mehl und Zucker

PRO STÜCK 232 kcal | 8 g E | 17 g F

1 Backofen auf 175 °C Ober-/Unterhitze vorheizen. Ein kleines Backblech (etwa 20 × 25 cm) mit Backpapier auskleiden. Butter mit Erythrit weißcremig rühren. Eier trennen, Eigelbe nacheinander unter die Buttermasse rühren. Quark, Stärke, Vanilleextrakt und Zitronensaft hinzufügen und alles gut vermengen.

2 Eiweiß mit Salz steif schlagen und den Eischnee unter den Teig heben. Die Masse in die vorbereitete Form geben und die Oberfläche glatt streichen. Den Kuchen 25–30 Minuten im vorgeheizten Ofen backen, dann herausnehmen und den Rand mit einem Messer vorsichtig von der Form lösen, damit der Kuchen beim Auskühlen nicht so stark zusammenfällt.

3 Den Kuchen wieder in den Ofen schieben, weitere 15 Minuten backen, dabei die letzten 10 Minuten bei Bedarf mit Backpapier bedecken, damit er nicht zu stark bräunt. Den Backofen ausschalten und den Kuchen bei leicht geöffneter Ofentür auskühlen lassen.

4 Zum Servieren in Stücke schneiden und nach Belieben mit Pudererythrit bestreuen.

ZUTATEN — 9 g KH

- 180 g weiche Butter
- 225 g Erythrit
- 4 Eier
- 750 g Quark
- 100 g Speisestärke
- 1 TL Vanilleextrakt
- 2 EL Zitronensaft
- 1 Prise Salz
- 1–2 EL Pudererythrit nach Belieben

WWW.LOWCARB.DE

ZUTATEN

21 g KH

- 1 Beutel Chai-Tee zum Aufgießen
- 500 g Äpfel
- 1 EL Zitronensaft
- 1 TL Zimtpulver
- 2 Eigelb
- 50 g zuckerfreier Karamell-Sirup
- 1–2 EL Walnussmus (oder anderes Nussmus)
- 75 g Walnusskerne
- 200 g Sahne

HILFSMITTEL
- Eismaschine

FÜR 4 PORTIONEN | 45 MIN. ZZGL. KÜHLZEIT
VEG GLU

Karamell-Walnuss-Eis mit Chai-Apfelmus

PRO PORTION 257 kcal | 3 g E | 17 g F

1 Chai-Tee mit 150 ml kochendem Wasser aufbrühen und nach Packungsangabe ziehen lassen. Äpfel schälen, putzen und in Stücke schneiden. Dann mit Zitronensaft, ½ TL Zimt und dem abgeseihten Tee aufkochen und etwa 10 Minuten zugedeckt leise köcheln lassen, bis die Äpfel weich sind. Nach Belieben pürieren und auskühlen lassen.

2 Für das Eis das Eigelb mit Karamell-Sirup und Nussmuss schaumig schlagen. 50 g Walnüsse grob hacken. Sahne steif schlagen und mit übrigem Zimt und den Walnüssen unter die Schaummasse ziehen. Mischung in eine Eismaschine geben und nach Herstellerangaben zu cremigem Eis rühren.

3 Mit einem Eisportionierer zu Kugeln formen und auf dem Apfelmus anrichten. Zum Schluss mit den übrigen Walnüssen garnieren und sofort servieren.

Ein ganz besonderes Dessert

FÜR 4 PORTIONEN | 40 MIN. ZZGL. 4 STD. KÜHLZEIT
VEG LAC GLU

Orangen-Karotten-Sorbet mit Ingwer

PRO PORTION 126 kcal | 4 g E | 0 g F

1 Karotten schälen und raspeln. Den Ingwer schälen und fein reiben. Die unbehandelte Orange heiß waschen, trocken tupfen und die Schale fein abreiben. Übrige Orangen und Zitrone halbieren, den Saft jeweils auspressen.

2 Alle vorbereiteten Zutaten zusammen mit Honig und Kurkuma in einen Topf füllen. Aufkochen, mit Deckel etwa 10 Minuten weich garen. Anschließend sehr fein pürieren (nach Belieben durch ein Sieb streichen) und auskühlen lassen.

3 Das Eiweiß steif schlagen und unter die Sorbetmasse ziehen. Alles in eine flache Schale füllen und für etwa 4 Stunden gefrieren lassen. Dabei alle 20–30 Minuten umrühren. Kugeln abstechen und in Schälchen servieren.

• **TIPP** • Die Zutaten kennst du vielleicht von den selbst gemachten Ingwer-Shots auf Seite 74, doch heute wird daraus Sorbet gemixt: Karotte, Orange, Ingwer, Zitrone und Kurkuma sorgen für süße Frische und feine Schärfe. Dazu etwas Eiweiß und Honig, schon hast du alles, um dir einen fettfreien, kalorienarmen Nachtisch zuzubereiten.

ZUTATEN 25 g KH

- 6 Karotten
- 3,5 cm Ingwer
- 4 Orangen, davon 1 unbehandelte Orange
- 1 Zitrone
- 2 EL Honig
- 1 TL Kurkumapulver
- 1 Eiweiß

ZUTATEN

4 g KH

- 120 g weiche Butter zzgl. etwas mehr zum Fetten der Form
- 1 ½ unbehandelte Orangen
- 100 g Erythrit
- 1 Prise Salz
- 3 Eier
- 2 EL Kakaopulver
- 120 g Mandelmehl
- 1 TL Weinstein-Backpulver
- 4 EL Kokosraspel
- 100 g Zartbitterschokolade
- 1 EL Kokosöl
- 50 g Sahne

HILFSMITTEL
- Mini-Gugelhupfblech mit 12 Mulden

FÜR 12 STÜCK | 60 MIN.
VEG GLU

Schoko-Gugelhupf mit Orange und Kokos

PRO STÜCK 203 kcal 8 g E | 17 g F

1 Den Backofen auf 180 °C Ober-/Unterhitze vorheizen und ein Mini-Gugelhupfblech mit etwas Butter fetten. Orangen heiß waschen, von der Hälfte die Schale fein abreiben, den Saft auspressen und von der übrigen die Schale in Zesten abschälen.

2 In einer Schüssel die Butter mit dem Erythrit, der Vanille und dem Salz schaumig schlagen. Die Eier nach und nach einzeln einarbeiten. Das Kakaopulver, das Mandelmehl, Backpulver und 2 EL Kokosraspel mischen und nach und nach mit Orangenschale und -saft in die Eiermasse einarbeiten, bis ein geschmeidiger Teig entsteht.

3 Den Teig in die vorbereitete Form füllen und im vorgeheizten Ofen 20–25 Minuten backen. Herausnehmen, abkühlen lassen, aus der Form lösen und auf einem Rost vollständig auskühlen lassen.

4 Die Schokolade grob hacken und mit dem Kokosöl in einer Schüssel über einem heißen Wasserbad schmelzen. Sahne dazugeben und alles gut verrühren. Die Küchlein damit einstreichen. Mit übrigen Kokosraspeln und Orangenzesten garnieren, trocknen lassen und servieren.

ZUTATEN FÜR 4 PORTIONEN | 10 MIN.
VEG GLU

Joghurt mit Mandeln und Kiwi

PRO PORTION 239 kcal | 9 g E | 15 g F

1 Die Mandeln in einer heißen Pfanne duftend rösten, abkühlen lassen und grob hacken. Anschließend mit den Rosinen vermengt in 4 Gläser füllen. Darauf den Joghurt geben.

2 Die Minze waschen, trocken schütteln, die Blätter abzupfen und einige Blättchen zum Garnieren beiseitelegen.

3 Die Kiwis schälen, 4 Scheiben zum Garnieren abschneiden, den Rest mit der Minze fein pürieren und auf den Joghurt gießen. Mit Minze und Kiwischeiben garnieren und sofort servieren.

• **TIPP** • Für dieses hübsche Dessert brauchst du nur 5 Zutaten und maximal 10 Minuten Zubereitungszeit! Wenn du kein Fan von der ein oder anderen Zutat sein solltest, kannst du sie auch ganz easy austauschen. Statt Mandeln verwendest du einfach andere Nüsse oder Kerne, statt Kiwi zum Beispiel Beeren und den Joghurt kannst du auch ganz leicht durch eine vegane Soja-Alternative austauschen. Lass deiner Kreativität freien Lauf – Hauptsache, du hast Freude an Low Carb!

ZUTATEN 19 g KH

- 80 g geschälte Mandelkerne
- 40 g Rosinen
- 500 g Joghurt
- 2 Stiele Minze
- 4 Kiwis

Schlank & gesund
Fastentage

Hier findest du alle Antworten auf deine
Fragen zu Intervallfasten und Low Carb.

Wir erklären dir,
was Fasten wirklich bringt,
welche Formen es gibt und
wie ein Low Carb-Fastentag aussieht.

Mit unserer Unterstützung
wirst du deine Ziele schnell erreichen
und bleibst motiviert.

Einfache, kalorienarme Low Carb-Rezepte,
die optimal fürs Fasten geeignet sind,
sowie einen praktischen Wochenplan
findest du auf den nächsten Seiten.

Abnehmen war noch nie so leicht!

WWW.LOWCARB.DE | 97

Für effektiveres Abnehmen

INTERVALLFASTEN

Was bringt Intervallfasten wirklich? Und wie funktioniert es richtig?
Wir beantworten dir alle Fragen

Warum brauchen wir Fasten?

Fasten erlebt seit einiger Zeit einen echten Hype. Dabei ist das Prinzip eigentlich uralt: Unsere Vorfahren in der Steinzeit aßen immer nur dann, wenn sie etwas erbeutet oder gesammelt hatten – zwischen den Mahlzeiten lagen oft lange Pausen. Auch heute noch könnten wir wunderbar längere Zeit ohne feste Nahrung überstehen. Doch wir leben im Überfluss. Die Folgen sind Krankheiten wie Übergewicht, Bluthochdruck und Diabetes Typ 2, aber auch chronische Entzündungen und Herz-Kreislauf-Erkrankungen nehmen zu.

Was ist Fasten?

Wer dem entgegenwirken will, sollte daher ganz gezielt Essenspausen einlegen. Beim Fasten wird für eine bestimmte Zeit vollständig oder teilweise auf bestimmte Speisen, Getränke und Genussmittel verzichtet. Das dient der Entlastung und der Regeneration des gesamten Organismus und all seiner Zellen. Denn wenn dein Körper nicht mit der Verdauung beschäftigt ist, entsorgt er molekularen Zellmüll, der sich durch Stoffwechselvorgänge ansammelt. Alte, geschädigte oder auch überflüssige

Proteine, Fette und Zellorganellen werden abgebaut, Einzelteile danach neu verwendet.

Wie kann ich durch Fasten abnehmen?

Auch ein Gewichtsverlust wird durch Fasten unterstützt. In Hungerphasen greift dein Körper auf seine Energiereserven zurück, die er für den Notfall in Organen und im Gewebe gespeichert hat. Ob dein Abnehmerfolg von Dauer ist, liegt jedoch bei dir selbst. Moderate Bewegung unterstützt das Fasten zusätzlich. Schwimmen, Spaziergänge, Fastenwanderungen und Yoga sind ideal.

Was ist Intervallfasten?

Das Prinzip ist ganz einfach: Beim Intervallfasten (auch intermittierendes Fasten genannt) wird tage- oder stundenweise auf Nahrung verzichtet. Das entlastet deinen Stoffwechsel und fördert deine körpereigenen Recyclingprozesse. Da es keine komplizierten Regeln gibt und die Phasen ohne Kalorienzufuhr zeitlich begrenzt sind, ist diese Fastenart gut in den Alltag integrierbar und besonders für Einsteiger*innen geeignet. Intervallfasten ist so als langfristige Ernährungsumstellung geeignet und kann dauerhaft durchgeführt werden.

Welche Vorteile hat das Intervallfasten?

Dank Intervallfasten sind klassische Diäten und Kalorienzählen nicht mehr notwendig. Denn du stellst insgesamt deine Essgewohnheiten um, entlastest damit deinen Stoffwechsel, fühlst dich gesünder und fitter und kannst dein Wohlfühlgewicht halten. Zudem verhindert das Intervallfasten Heißhungerattacken und dadurch den berüchtigten Jojo-Effekt.

5 GUTE GRÜNDE FÜRS FASTEN

1. Du kurbelst die Fettverbrennung an.
2. Dein Körper wird entgiftet.
3. Du bekommst einen regelrechten Energie-Booster.
4. Dein Schlaf wird besser.
5. Du fühlst dich großartig.

WELCHE METHODEN GIBT ES?

16:8 Alles, was dein Körper bei der Nahrungsaufnahme nicht direkt braucht, lagert er ein. Diese Reserven wandelt er in Energie um. Dabei verbraucht er zuerst die Kohlenhydrate. Rund 12 Stunden nach der letzten Nahrungsaufnahme sind diese meist aufgebraucht, erst dann geht es an die Fettverbrennung. Das führt dazu, dass dein Körper nach etwa 16 Stunden Fasten anfängt, die überschüssigen Fettreserven aufzuspalten – damit schwinden die Pfunde. Entscheidest du dich für 16:8, heißt das also, dass du innerhalb von 8 Stunden normal essen kannst, die restlichen 16 Stunden am Stück verzichtest du komplett auf eine Kalorienzufuhr. Je nach persönlicher Vorliebe lässt du das Frühstück oder das Abendessen weg oder isst drei bis vier kleine Mahlzeiten innerhalb des 8-Stunden-Zeitfensters. Wer um 20 Uhr das letzte Mal isst, startet am nächsten Tag um 12 Uhr mit der ersten Mahlzeit. Davor sind kalorienfreie Getränke wie schwarzer Kaffee, Wasser oder ungesüßter Tee erlaubt. Bis 20 Uhr darfst du noch zwei weitere Mahlzeiten sowie eine kalorienreduzierte Zwischenmahlzeit wie einen Snack oder einen Smoothie einplanen. Wenn du um 7 Uhr deine erste Mahlzeit zu dir nimmst, verzichtest du stattdessen ab 15 Uhr aufs Essen.

5:2 Bei der 5:2-Diät geht es nicht um Stunden, sondern um Tage: An 5 Tagen in der Woche isst du normal (Low Carb), an 2 frei wählbaren Tagen wird gefastet. An den Fastentagen musst du aber nicht vollständig auf Nahrung verzichten. Du kannst bis zu 600 Kilokalorien zu dir nehmen. Welche Low Carb-Gerichte für die Fastentage geeignet sind, erfährst du auf den folgenden Seiten. Für die fastenfreien Tage kannst du aus allen Rezepten in diesem Buch wählen.

6:1 Perfekt für Anfänger*innen, denen die 5:2-Methode (noch) zu viel ist: Bei der 6:1-Intervallfasten-Variante ist pro Woche nur 1 Fastentag vorgesehen, während du an den anderen 6 Tagen normal Low Carb essen kannst. Auch diese Form des Intervallfastens ist gesund, sagen Ernährungsexpert*innen. Möchtest du abnehmen, solltest du eine andere Fasten-Methode wählen. Um dein Gewicht zu halten, ist dieses „Teilzeitfasten" jedoch ideal.

Was passt zu mir?

Das Gute am Intervallfasten ist, dass es sich um keine strenge Diät handelt, sondern um eine Ernährungsweise, die du ganz individuell an deinen persönlichen Alltag anpassen kannst. So gibt es Menschen, die morgens einfach keinen Hunger haben und problemlos bis in den späten Vormittag mit der ersten Mahlzeit warten können. Andere starten frühmorgens in den Berufsalltag und gehen stattdessen früher zu Bett. Wie du dein persönliches Fasten- beziehungsweise Ernährungsfenster gestaltest, bleibt dir überlassen. Hier gilt es also, auszuprobieren!

So einfach geht's
LOW CARB & INTERVALLFASTEN

5:2

✓ **STEP 1:** Wähle für die 5 Tage, an denen du normal Low Carb isst, aus allen Rezepten in diesem Buch ein Frühstücksgericht, ein Mittagessen und ein Abendessen sowie eine Zwischenmahlzeit aus.

✓ **STEP 2:** Für die beiden Fastentage, du du beliebig wählen kannst, stehen dir alle Rezepte ab Seite 102 zu Verfügung, da sie besonders wenig Kalorien enthalten.

✓ **STEP 3:** Um es dir leicht zu machen, kannst du dich im ersten Monat an den fertigen Ernährungsplänen ab Seite 150 orientieren.

TIPP: An den Fastentagen solltest du auf Snacks zwischendurch verzichten, ungesüßte Getränke wie Tee, Kaffee und Wasser sind ok.

16:8

✓ **STEP 1:** Wähle aus sämtlichen Rezepten aus diesem Buch deine erste, zweite und dritte Mahlzeit aus, die du innerhalb eines 8-stündigen Zeitraumes zu dir nimmst.

✓ **STEP 2:** Ergänzen kannst du diese mit einer Zwischenmahlzeit, einem Extra-Getränk oder einer süßen Low Carb-Nascherei.

✓ **STEP 3:** Trage Mahlzeit, Seitenzahl und Uhrzeit für eine ganze Woche in den Plan auf Seite 158 und 159.

DEIN LOW CARB-FASTENTAG FÜR 16:8

1. Mahlzeit: Mit der ersten Mahlzeit des Tages wird die nächtliche Fastenphase beendet. Nach 16 Stunden ist es Zeit, deinen Körper mit pürierten Smoothies oder leicht verdaulichem Chiapudding sanft auf die bevorstehende Verdauungsarbeit des Tages vorzubereiten. Die enthaltenen Nährstoffe, Vitamine, Mineralstoffe und sekundären Pflanzenstoffe werden jetzt besonders gut aufgenommen.

2. Mahlzeit: Spätestens drei bis vier Stunden nach der ersten Mahlzeit wirst du wieder Hunger verspüren. Richte dich aber nicht nach der Uhr, sondern warte auf das Signal deines Körpers. Die zweite Mahlzeit des Tages soll deinen Körper mit gesunden Kohlenhydraten und Ballaststoffen versorgen, die den Blutzuckerspiegel langsam ansteigen lassen und somit nachhaltig sättigen und dein Energielevel konstant halten.

3. Mahlzeit: Die letzte Mahlzeit des Tages sollte viel gesundes Protein enthalten. Zum einen braucht dein Körper in der nächtlichen Ruhephase grundsätzlich weniger Energie als in der aktiven Phase. Zum anderen laufen im Körper nachts zahlreiche Regenerationsprozesse ab, für die er Aminosäuren benötigt. Weiteres Plus: Eiweiße bringen den Stoffwechsel in Schwung und kurbeln die nächtliche Fettverbrennung an. So nimmst du quasi im Schlaf ab.

Zwischenmahlzeit: Bei uns ist ein kleiner Snack, etwas Süßes oder ein besonderes Getränk erlaubt, so lange er beziehungsweise es nicht mehr als 25 Gramm Kohlenhydrate und 250 Kilokalorien pro Portion enthält. Wenn du schon geübter bist oder du besonders schnell abnehmen möchtest, kannst du auch auf diese Zwischenmahlzeit verzichten.

So wirst du zum Fasten-Profi
GENIALE EINSTIEGS-TIPPS

1. Vermeide körperliche Belastung
Vermeide zunächst körperliche Belastung während des Fastens. Mit schweißtreibendem Sport und Co. kannst du wieder anfangen, wenn du dich an den neuen Ess-Rhythmus gewöhnt hast.

2. Ausgewogenheit
Achte darauf, genügend Gemüse, Ballaststoffe und Eiweißquellen (Milchprodukte, Eier, Fisch, Fleisch, Nüsse, Hülsenfrüchte) zu jeder Mahlzeit zu dir zu nehmen.

3. Iss normal
Iss in der fastenfreien Phase weiterhin normal, keine größeren Portionen. Sonst verschwindet der positive Effekt sofort wieder.

4. Kleiner Spaziergang
Mach nach der ersten Mahlzeit am Tag einen kleinen Spaziergang. Sanfte Bewegung bringt die Verdauung zusätzlich in Gang und die frische Luft wird dir gut tun.

5. Vorsicht vor süßen Getränken
Beachte, dass auch Getränke Kalorien haben. Ungesüßter Tee, Kaffee und Wasser sind erlaubt. Weitere Getränke findest ab Seite 72.

6. Die richtigen Lebensmittel
Achte für einen schnelleren Abnehmerfolg auch auf die Auswahl deiner Lebensmittel. In Kombination mit Low Carb-Alternativen wie Gemüsenudeln oder Blumenkohlreis verlierst du schneller überschüssige Pfunde.

7. Gib deinem Körper Zeit
Gib deinem Körper die Zeit, die er braucht. Es dauert in der Regel ein paar Tage, bis er sich an das Intervallfasten gewöhnt hat. Wenn du dich schwertust, beginne mit einer zwölfstündigen Essenpause, die du täglich um eine Stunde erhöhst. Oder starte am Wochenende. So kannst du dir bewusst Zeit nehmen.

8. Gute Vorbereitung
Sei am besten gut vorbereitet und plane voraus. Für die 5:2-Methode haben wir dir ab Seite 150 Seite einen praktischen Plan für vier Wochen zusammengestellt. Für 16:8 findest du ab Seite 158 einen Schnellstart-Plan zum Selberzusammenstellen.

So kraftvoll
Frühstück Fastentage

LECKERER LOW CARB-START: OB HERZHAFT ODER SÜSS, EIN GUTES FRÜHSTÜCK AM FASTEN-MORGEN VERSORGT DICH MIT DER NÖTIGEN ENERGIE FÜR DEN VORMITTAG UND BIETET DIR EINE IDEALE ENTLASTUNG.

ZUTATEN

11 g KH

- 100 g Mandelkerne
- 150 g Buchweizenmehl
- 150 g Leinsamenmehl
- 40 g Flohsamenschalenpulver
- 50 g Leinsamen
- 2 TL Brotgewürz
- Salz
- 1 Päckchen Weinstein-Backpulver
- 500 g Magerquark
- Etwas Öl zum Fetten der Form

HILFSMITTEL

- Kastenform (Länge ca. 25 cm)

FÜR 1 BROT (À ETWA 20 SCHEIBEN) | 90 MIN. ZZGL. 30 MIN. RUHEZEIT
VEG GLU

Mandel-Quark-Brot

PRO SCHEIBE 145 kcal 8 g E | 8 g F

1 Die Mandeln in einer Pfanne ohne Zugabe von Fett hell rösten. Herausnehmen, abkühlen lassen, dann hacken. Das Buchweizen- und Leinsamenmehl in einer Rührschüssel mit den Flohsamenschalen, 40 g Leinsamen, dem Brotgewürz, 1 TL Salz und dem Backpulver mischen. Quark, gehackte Mandeln und 150 ml Wasser dazugeben und alle Zutaten mit den Knethaken des Handrührgeräts glatt verkneten.

2 Eine Kastenform mit etwas Öl fetten. Den Teig zu einem länglichen Laib formen. In die Form setzen, glatt streichen und bei Raumtemperatur etwa 30 Minuten quellen lassen.

3 Inzwischen den Backofen auf 180 °C Ober-/Unterhitze vorheizen. Den Teig mit lauwarmem Wasser bestreichen und mit den übrigen Leinsamen bestreuen. Im vorgeheizten Ofen auf der mittleren Schiene etwa 60 Minuten backen.

4 Das Brot aus dem Ofen nehmen und auf einem Kuchengitter vollständig auskühlen lassen. Das Brot hält sich im Brotkasten oder Kühlschrank etwa 1 Woche.

• **TIPP** • Das Brot ist reich an Ballaststoffen. So startest du perfekt in den Tag und tust dir und deiner Verdauung etwas Gutes.

FÜR 2 GLÄSER (À 250 ML) | 20 MIN.
VEG GLU

Brombeer-Frischkäse-Aufstrich

PRO PORTION (30 G) | **47 kcal** | 1 g E | 3 g F

1 Die Brombeeren bei Bedarf vorsichtig waschen, verlesen und gut abtropfen lassen. Die Beeren in einer Kasserolle mit 2 EL Wasser erhitzen und bei geringer Hitze etwa 5 Minuten köcheln lassen. Topf vom Herd nehmen und die Beeren etwas abkühlen lassen.

2 Frischkäse in einer Schüssel glatt rühren. Die Brombeeren durch ein Sieb dazu streichen und alles mit Ahornsirup und Kardamom verrühren. Die Pistazien fein hacken und untermischen. Den Brombeer-Frischkäse-Aufstrich in Gläser füllen und servieren.

ZUTATEN — 2 g KH

- 300 g Brombeeren
- 200 g Frischkäse
- 1–2 EL Ahornsirup
- 1 TL gemahlener Kardamom
- 2 EL Pistazienkerne

Schmeckt herrlich fruchtig

ZUTATEN

6 g KH

- ½ Würfel Hefe
- 1 TL Agavendicksaft
- 150 g gemahlene Mandeln zzgl. etwas mehr zum Bearbeiten
- 75 g gemahlene Walnüsse
- 40 g Flohsamenschalenpulver
- 60 g Kartoffelfasern zzgl. 1–2 EL mehr zum Bestreuen
- 2 EL Kokosmehl
- 1 TL Salz
- 4 Eier
- 250 g Ricotta
- 2 EL Olivenöl
- 75 g gehackte Walnüsse

FÜR 1 BROT (À 20 SCHEIBEN) | 90 MIN. ZZGL. 1 STD. RUHEZEIT

VEG GLU

Walnussbrot

PRO SCHEIBE | 183 kcal | 7 g E | 14 g F

1 Hefe mit dem Agavendicksaft und 2–3 EL lauwarmem Wasser anrühren. In einer Rührschüssel die Mandeln mit gemahlenen Walnüssen, Flohsamen, Kartoffelfasern, Kokosmehl und Salz mischen.

2 Angerührte Hefe zur Trockenmischung geben, alles mit Eiern, Ricotta, Olivenöl und etwa 150 ml lauwarmem Wasser zu einem formbaren Teig verkneten. Dabei gehackte Walnüsse einarbeiten. Nach Bedarf etwas mehr Wasser oder gemahlene Mandeln verwenden.

3 Aus dem Teig einen länglichen Brotlaib formen, auf ein mit Backpapier belegtes Blech setzen. Mit Kartoffelfasern bestreuen und anschließend abgedeckt etwa 1 Stunde ruhen lassen.

4 Den Backofen auf 180 °C Ober-/Unterhitze vorheizen. Das Brot leicht einschneiden und im vorgeheizten Ofen etwa 60 Minuten backen. Auf einem Kuchengitter auskühlen lassen und zum Servieren in Scheiben schneiden.

ZUTATEN FÜR 4 PORTIONEN | 25 MIN.
VEG GLU

Brokkoli-Kräuter-Aufstrich

PRO PORTION 107 kcal 6 g E | 8 g F

1 Den Brokkoli putzen, in kleine Röschen teilen und waschen. In kochendem Salzwasser 3–4 Minuten blanchieren. Abgießen, abschrecken und abtropfen lassen. Die Kräuter waschen, trocken schütteln und die Blättchen abzupfen. Einige für die Garnitur zur Seite geben, den Rest mit Brokkoli, Frischkäse und Quark im Blitzhacker fein cremig zerkleinern. Mit Salz, Pfeffer und Zitronensaft abschmecken. Nach Belieben auf Low Carb-Brot oder -Brötchen streichen, mit restlichen Kräutern garnieren und servieren.

ZUTATEN 2 g KH

- 250 g Brokkoli
- 2 Stiele Basilikum
- 2 Stiele Petersilie
- 100 g Frischkäse
- 2 EL Quark
- Salz und Pfeffer
- 1 EL Zitronensaft

HILFSMITTEL
- Blitzhacker

Gemüse auf Brot

ZUTATEN

10 g KH

- Etwas flüssige Butter und Mandelmehl für die Förmchen
- 2 Eier
- Salz
- 2 EL Erythrit
- 1 Prise frisch geriebene Tonkabohne
- 200 g Magerquark
- 1 TL Speisestärke
- ¼ TL Zimtpulver
- 1 Spritzer Zitronensaft
- 2 Orangen
- 2 Kiwis
- 50 g Blaubeeren

HILFSMITTEL

- 4 ofenfeste Portionsförmchen

FÜR 4 PORTIONEN | 45 MIN.
VEG   GLU

Quarksoufflé mit Früchten

PRO PORTION 143 kcal | 12 g E | 6 g F

1 Vier Portionsförmchen mit etwas Butter fetten und mit Mandelmehl ausstreuen, überschüssiges Mehl wieder ausklopfen. Den Backofen auf 200 °C Ober-/Unterhitze vorheizen.

2 Die Eier trennen. Das Eiweiß mit 1 Prise Salz steif schlagen, dabei nach und nach Erythrit einrieseln lassen. Den Eischnee weiterschlagen, bis er sehr steif ist und Spitzen zieht. Die Eigelbe mit geriebener Tonkabohne, Quark, Stärke, Zimt und Zitronensaft glatt rühren. Den Eischnee dazugeben und mit einem Teigschaber unterziehen.

3 Die Förmchen bis knapp unter den Rand mit der Quarkmasse füllen und im vorgeheizten Ofen auf der unteren Schiene 12–15 Minuten backen, dabei die Backofentür zwischendurch nicht öffnen.

4 Inzwischen die Orangen so schälen, dass die weiße Haut vollständig entfernt wird. Filets zwischen den Trennwänden herausschneiden. Kiwis schälen, längs halbieren und quer in Scheiben schneiden. Die Blaubeeren verlesen, bei Bedarf vorsichtig waschen und abtropfen lassen.

5 Die Quarksoufflés aus dem Ofen nehmen, mit den Früchten anrichten und servieren.

• **TIPP** • Etwas Süßes zum Frühstück oder als Low Carb-Nachtisch – dieses Soufflé eignet sich super für beides. Die Tonkabohne verleiht dem fluffigen Küchlein einen außergewöhnlichen Geschmack. Am Anfang ist der Geschmack der Tonkabohne etwas bitter, aber schnell wandelt er sich und erinnert an einen Mix aus Vanille, Karamell, Mandeln, Marzipan und Süßholz.

FRÜHSTÜCKS-REZEPTE

Wenn du auf der Suche nach weiteren genialen Frühstücksideen bist, wirst du unter lowcarb.de fündig. Jetzt den Code scannen!

ZUTATEN

16 g KH

- 500 g Quark
- 150 g griechischer Joghurt
- 50 ml Kokosmilch oder andere Milch
- 30 g Xylit
- 1 Vanilleschote
- ½ unbehandelte Zitrone
- 400 g gemischte Beeren (frisch oder TK)
- 2 Stiele Minze
- 2 EL Chiasamen

FÜR 4 PORTIONEN | 20 MIN.
VEG GLU

Quarkspeise mit Beeren

PRO PORTION 213 kcal | 18 g E | 5 g F

1 Den Quark, den Joghurt, die Kokosmilch und das Xylit cremig rühren. Die Vanilleschote der Länge nach halbieren, das Mark herauslösen. Die Zitrone heiß waschen und die Schale in feinen Zesten abschälen. Vanille und Zesten unter die Quarkmischung rühren.

2 Die Hälfte der Beeren pürieren. Boden der Gläser mit Beerenpüree bedecken. Dann mit etwas Quarkspeise, einigen Beeren und dann wieder Fruchtpüree einschichten. Diesen Vorgang wiederholen, bis die Gläser gefüllt sind. Mit den restlichen Beeren, gewaschenen, abgezupften Minzblättchen sowie Chiasamen garnieren, servieren.

EASY

FÜR 4 PORTIONEN | 30 MIN.
VEG LAC GLU

Schnelle Cloud Eggs mit Zucchini und Spinat

PRO PORTION 84 kcal 7 g E | 5 g F

ZUTATEN — 2 g KH

- ½ Zucchini
- 1 Frühlingszwiebel
- 30 g junger Spinat
- 4 Eier
- Salz

1 Die Zucchini waschen, putzen, raspeln, salzen, etwa 10 Minuten ruhen lassen. Inzwischen die Frühlingszwiebel putzen, waschen und in feine Ringe schneiden. Spinat verlesen, waschen und grob hacken.

2 Den Backofen auf 200 °C Ober-/Unterhitze vorheizen und ein Backblech mit Backpapier belegen. Die Eier trennen, dabei die Eigelbe zur Seite geben und aufpassen, dass diese ganz bleiben. Das Eiweiß mit 1 Prise Salz steif schlagen.

3 Zucchini gut ausdrücken, mit Frühlingszwiebel und Spinat zum Schluss unter den Eischnee heben und in vier runden Nestern auf dem Backblech verteilen. Mit einem Löffel auf der Oberfläche Vertiefungen bilden und je ein Eigelb hineingeben. Die Cloud Eggs im vorgeheizten Ofen etwa 15 Minuten backen. Auf Tellern anrichten und servieren.

• TIPP • Mit nur 4 Zutaten gelingt dir diese Variante des Low Carb-Grundrezeptes. Das Beste: Dein Frühstück gart im Ofen, während du dich vorbereiten kannst – und startest dann mit einem leichten, warmen Frühstück mit Gemüsebonus in deinen Tag.

ZUTATEN

6 g KH

- 1 Bund Petersilie
- 1 Bund Schnittlauch
- 1 Zwiebel
- 200 g Champignons
- 3 Tomaten
- 1 EL Butter
- 8 Eier
- 125 ml Mineralwasser
- Salz und Pfeffer

FÜR 4 PORTIONEN | 20 MIN.
VEG GLU

Rührei mit Gemüse

PRO PORTION 217 kcal | 17 g E | 15 g F

1 Die Kräuter waschen, trocken schütteln und die Petersilienblättchen abzupfen. Blättchen fein hacken und Schnittlauch in feine Röllchen schneiden.

2 Zwiebel schälen und fein würfeln. Pilze putzen und in dünne Scheiben schneiden. Die Tomaten waschen, in feine Würfel schneiden. Butter in einer Pfanne erhitzen. Zwiebel darin glasig dünsten. Die Champignons und die Tomaten zugeben und kurz mit anbraten.

3 Eier, Mineralwasser und Kräuter verquirlen. Zum Gemüse in die Pfanne geben und unter Rühren braten, bis die gewünschte Konsistenz erreicht ist. Mit Salz und Pfeffer abschmecken und servieren.

• **TIPP** • Petersilie und Schnittlauch sorgen hier für einen besonderen Geschmackskick und punkten gleichzeitig mit jeder Menge gesunder Nährstoffe.

FÜR 4 PORTIONEN | 25 MIN.
VEG

Porridge mit Himbeeren und Kürbiskernen

PRO PORTION | 185 kcal | 7 g E | 8 g F

ZUTATEN — 20 g KH

- 100 g Himbeeren
- 200 ml Milch (3,5 % Fett)
- Salz
- 1 EL Erythrit
- 100 g feine Haferflocken
- 1–2 EL Kürbiskerne
- 60 g Sahne

1 Die Himbeeren verlesen, bei Bedarf vorsichtig waschen und trocken tupfen. ²/₃ der Himbeeren mit der Gabel fein zerdrücken und mit der Milch, 1 Prise Salz, Erythrit und den Haferflocken aufkochen. Alles unter gelegentlichem Rühren 10–15 Minuten bei schwacher Hitze quellen lassen, bei Bedarf noch etwas Milch zugeben.

2 Kürbiskerne grob hacken und in einer Pfanne ohne Zugabe von Fett rösten, bis sie zu duften beginnen. Den Porridge in Schalen verteilen, die Sahne ringsum gießen und alles mit den übrigen Himbeeren garnieren. Porridge mit grob gehackten Kürbiskernen bestreuen und servieren.

Lässt dich gut durchhalten

ZUTATEN

10 g KH

- 4 Eier
- 300 g Zucchini
- 150 g TK-Erbsen
- 1 reife Avocado
- 150 g Brunnenkresse
- 30 g junger Spinat
- 3 EL Zitronensaft
- 750 ml kalte Gemüsebrühe
- 1 TL rosenscharfes Paprikapulver
- Salz und Pfeffer

FÜR 4 PORTIONEN | 30 MIN.
VEG LAC GLU

Grüne Smoothie-Bowl mit Ei

PRO PORTION 228 kcal | 13 g E | 15 g F

1 Die Eier in kochendem Wasser 5–6 Minuten wachsweich garen, kalt abschrecken und abkühlen lassen. Inzwischen die Zucchini putzen, waschen und in Stücke schneiden. Die Erbsen antauen lassen. Die Avocado halbieren, Stein entfernen, schälen und grob zerteilen.

2 Brunnenkresse und Spinat verlesen, waschen und trocken tupfen, dabei grobe Stiele entfernen. Etwas Brunnenkresse zum Garnieren beiseitelegen, den Rest grob hacken.

3 Zucchini, Erbsen, Avocado, Brunnenkresse, Spinat und den Zitronensaft in den Mixer geben und die Brühe dazugießen. Alles erst auf kleiner Stufe, dann auf höchster Stufe glatt pürieren. Falls der Smoothie zu dick ist, noch etwas Wasser untermixen.

4 Smoothie mit Paprikapulver, Salz und Pfeffer würzen, noch mal kurz durchmixen. Zum Servieren den Smoothie auf Schalen verteilen. Die Eier pellen, längs halbieren und darauf anrichten. Mit der übrigen Brunnenkresse garnieren und servieren.

• **TIPP** • Diese grüne Smoothie-Bowl mit Ei ist supergesund, denn Zucchini, Erbsen und Spinat sind reich an Ballaststoffen, Vitaminen und Mineralien. Avocado liefert viele gesunde Fette und das Ei viel Protein. Brunnenkresse ist in der Naturheilkunde als bewährtes Mittel zur Blutreinigung bekannt und enthält viel Vitamin A, welches sich positiv auf dein Sehvermögen auswirken kann.

EIER-REZEPTE

Eier kannst du eigentlich immer mit auf deine Einkaufsliste schreiben, denn sie werden in der Low Carb-Küche oft verwendet. Was du alles aus ihnen zaubern kannst, erfährst du, wenn du den QR-Code scannst.

Versorgt dich mit allem, was du brauchst

EASY

ZUTATEN

1 g KH

- 3 Stiele Petersilie
- 6 Stiele Schnittlauch
- 6 Eier
- Salz und Pfeffer

HILFSMITTEL
- 8 ofenfeste Einmachgläser

FÜR 8 PORTIONEN | 45 MIN.
VEG LAC GLU

Kräuteromelett aus dem Glas

PRO PORTION 62 kcal 5 g E | 4 g F

1 Den Backofen auf 180 °C Ober-/Unterhitze vorheizen. Kräuter waschen und trocken schütteln. Petersilienblättchen abzupfen und fein hacken, Schnittlauch in feine Röllchen schneiden.

2 Die Eier in einer Schüssel mit den Kräutern verquirlen. Die Eimasse mit Salz und Pfeffer würzen, in 8 Einmachgläser füllen und auf einem tiefen, mit etwas Wasser bedeckten Backblech im vorgeheizten Ofen in etwa 30 Minuten stocken lassen. Aus dem Ofen nehmen und dann servieren.

• **TIPP** • Für größere Mengen könnt ihr die doppelte Portion der Omelettemasse zubereiten, diese in 10 kleine Einmachgläser füllen und sie auf einem tiefen, mit etwas Wasser bedeckten Backblech bei 180 °C Ober-/Unterhitze für 30 Minuten backen.

Nur 4 Zutaten

FÜR 4 PORTIONEN | 15 MIN.
GLU

Schneller Gurkensnack mit Hüttenkäse-Krabben-Topping

PRO PORTION 168 kcal 18 g E | 4 g F

1 Gurken waschen und schräg in dünne Scheiben schneiden oder hobeln. Den Apfel waschen, vierteln, entkernen und klein würfeln. Die Frühlingszwiebeln putzen, waschen und in feine Ringe schneiden.

2 In einer Schüssel Hüttenkäse mit Apfel, Frühlingszwiebeln und Krabben locker vermischen. Mit Apfelessig und Salz abschmecken und auf den Gurkenscheiben anrichten. Mit Pfeffer würzen und servieren.

ZUTATEN 15 g KH
- 2 Gurken
- 1 Apfel
- 2 Frühlingszwiebeln
- 200 g Hüttenkäse
- 200 g gepulte Krabben
- 1 EL Apfelessig
- Salz und Pfeffer

Echte Sattmacher
Mittag Fastentage

LEICHT, ABER SÄTTIGEND – SO SOLLTE DEIN FASTEN-MITTAG SEIN. HIER KOMMEN ZWÖLF IDEEN, DIE DEIN ENERGIELEVEL KONSTANT HALTEN UND DICH MIT ALLEM VERSORGEN, WAS DU JETZT BRAUCHST.

ZUTATEN

9 g KH

- 800 g Zucchini
- 1 Knoblauchzehe
- 250 g bunte Kirschtomaten
- 1 unbehandelte Zitrone
- 2 EL Olivenöl
- Salz und Pfeffer
- 60 g geriebener Parmesan

HILFSMITTEL

- Spiralschneider (erhältlich unter www.lowcarb.de/shop)

FÜR 4 PORTIONEN | 20 MIN.
VEG GLU

Zucchini-Spaghetti mit Tomaten

PRO PORTION 158 kcal 9 g E | 10 g F

1 Die Zucchini waschen und mit einem Spiralschneider zu Spaghetti verarbeiten. Den Knoblauch schälen und fein hacken. Die Kirschtomaten waschen und halbieren. Zitrone heiß waschen, 1 TL Schale fein abreiben, dann halbieren und in Spalten schneiden.

2 In einer Pfanne 1 EL Olivenöl erhitzen und den Knoblauch darin andünsten. Kirschtomaten zusammen mit der Zitronenschale dazugeben. Alles unter Schwenken 1–2 Minuten weitergaren. Zucchini hinzufügen, 1–2 EL Wasser ergänzen. Die Zucchini unter Schwenken in 1–2 Minuten garen. Alles mit Salz und Pfeffer abschmecken.

3 Die Zucchini-Spaghetti auf Teller verteilen, mit dem Parmesan bestreuen und mit dem übrigen Olivenöl beträufeln. Mit den Zitronenspalten anrichten und servieren.

Die gesündeste Pasta der Welt

FÜR 4 PORTIONEN | 30 MIN.
V VEG LAC GLU

Rosenkohlsalat mit Sprossen

`PRO PORTION` `152 kcal` `4 g E | 11 g F`

ZUTATEN — 9 g KH

- 250 g Rosenkohl
- 100 g Rotkohl
- 1 Karotte
- 50 g Linsensprossen
- ½ Granatapfel
- 3–4 EL Zitronensaft
- 1 TL Agavendicksaft
- Salz und Pfeffer
- ¼ TL gemahlener Kreuzkümmel
- 3–4 EL Olivenöl

1 Den Rosenkohl putzen, in einzelne Blätter teilen und diese in kochendem Salzwasser 1–2 Minuten blanchieren. Abgießen, abschrecken und abtropfen lassen.

2 Den Rotkohl putzen, waschen und in sehr feine Streifen schneiden oder hobeln. Die Karotte schälen und ebenfalls in sehr feine Streifen schneiden oder raspeln.

Die Sprossen waschen und abtropfen lassen. Die Granatapfelkerne zwischen den weißen Trennwänden herauslösen. Alles vermengen.

3 Aus Zitronensaft, Agavendicksaft, Salz, Pfeffer und Kreuzkümmel ein Dressing rühren und das Öl unterquirlen. Über den Salat träufeln und servieren.

Steckt voller Vitamin C

ZUTATEN

16 g KH

- 4 Stiele Thymian
- 4 Salbeiblätter
- 4 Hähnchenbrustfilets (à etwa 160 g)
- Salz und Pfeffer
- 1 Zwiebel
- 500 g Weißkohl
- 200 g Karotten
- 60 ml Milch (3,5 % Fett)
- 60 g Joghurt
- 60 ml Buttermilch
- 1 EL Zitronensaft
- 2 EL heller Balsamicoessig
- 1 TL Honig
- 2 TL mittelscharfer Senf
- 2 EL Rapsöl

HILFSMITTEL

- Vakuumierbeutel bzw. Silikonbeutel (erhältlich unter www.lowcarb.de)

ZUTATEN FÜR 4 PORTIONEN | 2 STD.
GLU

Sous-vide-Hähnchen mit Krautsalat

PRO PORTION 252 kcal | 41 g E | 2 g F

1 Die Thymianstiele und Salbeiblättchen waschen und trocken tupfen. Die Hähnchenbrustfilets trocken tupfen, salzen und pfeffern. Je 2 Filets mit 2 Thymianstielen sowie 2 Salbeiblättchen in einen Vakuumierbeutel geben und vakuumieren.

2 Das mit Wasser gefüllte Sous-vide-Gerät auf 65–67 °C einstellen. Fleisch in den Beuteln darin etwa 100 Minuten garen. Alternativ Wasser in einem großen Topf mithilfe eines Bratenthermometers auf die genannte Temperatur bringen und die Beutel hineingeben.

3 Inzwischen für den Salat Zwiebel schälen und fein würfeln. Weißkohl putzen, waschen und fein schneiden oder auf dem Küchenhobel raspeln. Die Karotten schälen und ebenfalls raspeln. Das Gemüse mischen. Milch, Joghurt, Buttermilch, Zitronensaft, Balsamicoessig, 1 TL Salz, Honig und Senf verquirlen und über den Salat geben. Alles vermengen und bis zum Servieren abgedeckt durchziehen lassen.

4 Die Hähnchenbrustfilets aus den Beuteln nehmen (Vorsicht, heiß!) und trocken tupfen. Nach Belieben in einer Pfanne im heißen Öl kurz scharf anbraten und mit dem Krautsalat auf Teller verteilen, dann servieren.

FÜR 4 PORTIONEN | 50 MIN.
VEG GLU

Spinat-Peperoni-Suppe mit Joghurt

PRO PORTION 232 kcal | 10 g E | 11 g F

1 Quinoa in kochendem Salzwasser 15–20 Minuten mit noch leichtem Biss garen. In einem Sieb abspülen und abtropfen lassen. In der Zwischenzeit den Spinat putzen, waschen und 1 Handvoll für die Garnitur beiseitelegen. Sellerie, Zwiebeln und Knoblauch schälen und klein würfeln. Peperoni abtropfen lassen und in Ringe schneiden.

2 Öl in einem Topf erhitzen. Sellerie, Zwiebeln und Knoblauch darin andünsten. Spinat zugeben und zusammenfallen lassen. Mit der Brühe ablöschen und zum Kochen bringen. Etwa 10 Minuten kochen lassen, salzen, pfeffern und zusammen mit 3–4 EL Quinoa pürieren. Die restliche Quinoa in die Suppe geben und alles aufkochen lassen.

3 Die Suppe mit Zitronensaft, Salz und Pfeffer abschmecken und in Schälchen anrichten. Den Joghurt und die Peperoni auf den Suppen verteilen und mit den übrigen Spinatblättern garniert servieren.

Mit milder Schärfe

ZUTATEN 25 g KH
- 100 g Quinoa
- Salz und Pfeffer
- 500 g Blattspinat
- 200 g Knollensellerie
- 2 Zwiebeln
- 2 Knoblauchzehen
- 6–8 milde, grüne Peperoni (Glas)
- 3 EL Olivenöl
- 500 ml Gemüsebrühe
- Saft von ½ Zitrone
- 150 g Joghurt

ZUTATEN — 12 g KH

- 2–3 gelbe Paprikaschoten
- 1 orangefarbene Paprikaschote
- 2 rote Paprikaschoten
- 1 Aubergine
- Salz und Pfeffer
- 200 g Egerlinge oder braune Champignons
- 2 EL Rapsöl
- 1 TL getrockneter Thymian
- 250 g Ricotta
- 4 Eier
- 50 g geriebener Parmesan
- 4 EL Zitronensaft
- 60 g Brunnenkresse
- 2 Fleischtomaten
- 1 Zwiebel

HILFSMITTEL

- Springform (Ø 24 cm)

FÜR 8 STÜCKE | 2 STD.
VEG GLU

Gemüsetorte mit Ricottacreme

PRO PORTION 215 kcal 13 g E | 13 g F

1 Den Backofengrill vorheizen. Die Paprikaschoten waschen, halbieren, putzen und mit der Hautseite nach oben auf ein Blech legen. Im vorgeheizten Ofen etwa 10 Minuten grillen, bis die Haut schwarz wird. Herausnehmen, zugedeckt etwas abkühlen lassen, dann die Haut entfernen.

2 Die Aubergine putzen und in 1 cm dicke Scheiben schneiden. Leicht salzen und 15 Minuten ziehen lassen. Die Pilze putzen, in Scheiben schneiden. Aubergine gut trocken tupfen und in einer beschichteten Pfanne in 1 EL heißem Öl von beiden Seiten anbraten. Aus der Pfanne nehmen und abkühlen lassen. Pilze im übrigen heißen Öl ebenfalls anbraten, bis keine Feuchtigkeit mehr in der Pfanne ist. Mit Thymian, Salz und Pfeffer würzen und beiseitestellen.

3 Ricotta mit Eiern und Parmesan verrühren und mit Zitronensaft, Salz und Pfeffer würzen. Die Brunnenkresse verlesen, waschen und trocken schütteln. Etwas für die Garnitur beiseitelegen, Rest grob hacken, unter die Creme rühren.

4 Den Backofen auf 180 °C Ober-/Unterhitze vorheizen. Eine Springform (Ø 24 cm) mit Backpapier auslegen. Eine Lage Paprika hineinlegen. Mit Salz und Pfeffer würzen und mit etwas Ricottacreme bestreichen. Lagenweise weitere Paprika, Auberginenscheiben und die Pilze einschichten und jede Schicht jeweils mit einer dünnen Schicht Ricottacreme bestreichen. Mit Ricottacreme abschließen.

5 Die Tomaten waschen, in Scheiben schneiden, diese auf dem Kuchen auslegen, salzen und pfeffern. Die Gemüsetorte im vorgeheizten Ofen etwa 40 Minuten backen. Etwas auskühlen lassen, aus der Form lösen und mit Brunnenkresse und in Ringe geschnittener Zwiebel garniert servieren.

PAPRIKA-REZEPTE

Paprika-Fans aufgepasst: Hier kommen neue, bunte Ideen für deinen Low Carb-Speiseplan. Scanne jetzt den QR-Code!

Ein echter Hingucker

ZUTATEN

8 g KH

- 50 g weiche Butter zzgl. etwas mehr zum Fetten der Form
- 500 g Zwiebeln
- 200 g geriebener Greyerzer
- 150 g Speckwürfel
- 100 g Mehl
- 5 Eier
- 150 ml Milch (3,5 % Fett)
- Salz und Pfeffer
- ¼ TL gemahlener Kümmel

HILFSMITTEL
- Springform (Ø 26 cm)

FÜR 12 STÜCKE | 70 MIN.

Zwiebelkuchen

PRO 100 G | 179 kcal | 9 g E | 13 g F

1 Den Backofen auf 200 °C Ober-/Unterhitze vorheizen. Eine Springform) am Boden mit Backpapier auslegen, die Ränder mit etwas Butter fetten.

2 Zwiebeln schälen und in feine Ringe schneiden. Butter in einer Pfanne erhitzen und die Zwiebeln darin 8–10 Minuten andünsten. Die Pfanne von der Herdplatte nehmen und kurz abkühlen lassen.

3 Eier mit Milch verquirlen. Zwiebeln, Käse und Speck untermengen. Schließlich das Mehl unterrühren und alles mit Salz, Pfeffer und Kümmel würzen. Die Mischung in die Springform geben und im vorgeheizten Ofen etwa 30–40 Minuten goldbraun backen. Herausnehmen, kurz abkühlen lassen, dann aus der Form lösen und in Stücke geschnitten servieren.

Dieser Zwiebelkuchen kommt ohne Boden aus

FÜR 4 PORTIONEN | 60 MIN.
VEG GLU

Gefüllte Zucchini mit Erbsen und Frischkäse

PRO PORTION 163 kcal 7 g E | 12 g F

1 Die Erbsen in kochendem Salzwasser 8–10 Minuten garen. Abgießen, abschrecken und abtropfen lassen. Backofen auf 200 °C Ober-/Unterhitze vorheizen. Eine Auflaufform mit etwas Butter fetten.

2 Zucchini waschen und der Länge nach halbieren. Mit einem Löffel aushöhlen und das Fruchtfleisch beiseitestellen. Zucchinihälften in die Auflaufform setzen. Tomaten waschen und würfeln.

3 Frühlingszwiebeln putzen, waschen und in grobe Stücke schneiden. Zusammen mit dem Zucchinifruchtfleisch und dem Frischkäse in einem Mixer oder mit einem Pürierstab fein pürieren. Erbsen unterheben und alles mit Salz und Pfeffer abschmecken. Die Zucchinihälften mit der Masse füllen. Tomaten auf der Füllung verteilen und alles im heißen Backofen etwa 30 Minuten backen. Herausnehmen und servieren.

• **TIPP** • Du kannst die Schiffchen auch wunderbar als Meal Prep vorbereiten und sie dann einfach nur noch in den Ofen schieben. Noch dazu sind sie kalorien- und kohlenhydratarm und so perfekt als leichtes Mittagessen im Büro, während du fastest.

ZUTATEN 7 g KH
- 100 g TK-Erbsen
- Salz und Pfeffer
- Etwas weiche Butter zum Fetten der Form
- 2 Zucchini
- 4 Tomaten
- 1 Frühlingszwiebel
- 150 g Frischkäse

HILFSMITTEL
- Standmixer oder Pürierstab

ZUTATEN

15 g KH

- 800 g bunte Karotten
- 1 rote Zwiebel
- 30 g Brunnenkresse
- ½ TL Pfefferkörner
- ½ TL Fenchelsaat
- 2 EL Zitronensaft
- Salz
- 2 EL Apfelessig
- 1 Prise Xylit
- 4 EL Olivenöl

HILFSMITTEL

- Mörser

ZUTATEN FÜR 4 PORTIONEN | 20 MIN.

V VEG LAC GLU

Karottensalat mit roter Zwiebel

PRO PORTION | 180 kcal | 2 g E | 10 g F

1 Karotten und Zwiebel schälen. Die Karotten der Länge nach in dünne Streifen schneiden oder hobeln, die Zwiebel in schmale Spalten schneiden. Brunnenkresse waschen und trocken schütteln.

2 Pfeffer und Fenchelsaat in einer heißen Pfanne rösten, bis beides zu duften beginnt. In einen Mörser geben und fein zerstoßen.

3 Den Zitronensaft mit Salz, Essig, Xylit, Öl und der Gewürzmischung verquirlen. Karotten und Zwiebel untermischen und mit der Brunnenkresse angerichtet servieren.

• **TIPP** • Statt Brunnenkresse kannst du auch gut gewaschenes, junges Grün von Bio-Karotten verwenden.

FÜR 4 PORTIONEN | 25 MIN.
V VEG LAC GLU

Weißkohl-Paprika-Salat mit Erdnussdressing

PRO PORTION | 193 kcal | 7 g E | 10 g F

1 Paprika, Weißkohl, Radieschen und Chili waschen und putzen. Paprika und Kohl in feine Streifen schneiden oder hobeln. Radieschen in feine Scheiben und die Chili in Ringe schneiden. Koriander waschen, trocken schütteln und die Blätter abzupfen. Alle vorbereiteten Zutaten locker vermengt in eine Schüssel geben. Mit den Erdnüssen bestreuen.

2 Für das Dressing Erdnussmus mit 2–3 EL heißem Wasser, Balsamico, Zitronensaft, Ahornsirup, Öl und Sojasauce verquirlen. Über den Salat träufeln und servieren.

• **TIPP** • Grüne Paprika hat im Vergleich zu gelben und roten Paprikaschoten einen wesentlich geringeren Anteil an Kohlenhydraten und ist somit ein tolles Low Carb-Lebensmittel.

Macht lange satt

ZUTATEN 14 g KH

- 2 grüne Paprikaschoten
- 500 g Weißkohl
- 80 g Radieschen
- 1 grüne Chilischote
- 1 Bund Koriander
- 50 g geröstete Erdnusskerne
- 1 EL Erdnussmus (erhältlich unter www.lowcarb.de/shop)
- 3 EL heller Balsamicoessig
- 2 EL Zitronensaft
- 1 EL Ahornsirup
- 2 EL Erdnussöl
- 2 EL Sojasauce

ZUTATEN

11 g KH

- 4 Pak Choi
- 1 unbehandelte Zitrone
- 1 Bund gemischte Kräuter und Schnittsalat (z. B. Majoran, Schnittlauch, Rucola)
- 3 cm Ingwer
- 2 EL Sesamöl
- 1 TL flüssiger Honig
- 4 EL Zitronensaft
- 3 EL Orangensaft
- 1 EL Sojasauce
- Salz und Pfeffer
- Piment d'Espelette oder Chiliflocken
- 120 g Parmaschinken in dünnen Scheiben
- Essbare Blüten (z. B. Schnittlauch- und Lavendelblüten) nach Belieben

FÜR 4 PORTIONEN | 35 MIN.

LAC GLU

Warmer Pak-Choi-Salat mit Schinken und Zitronen-Ingwer-Dressing

PRO PORTION 209 kcal 12 g E | 13 g F

1 Pak Choi waschen, putzen und längs halbieren oder in Blätter teilen. Die Zitrone heiß waschen, trocken tupfen, längs halbieren und in dünne Scheiben schneiden. Die Kräuter verlesen, waschen und trocken schütteln. Grob zerpflücken. Den Ingwer schälen und fein reiben.

2 Die Zitronenscheiben in einer heißen Pfanne kurz anbraten, leicht bräunen und wieder herausnehmen. In der Pfanne das Sesamöl und den Honig erhitzen und den Ingwer darin kurz andünsten. Den Pak Choi zugeben und kurz mitgaren. Alles mit dem Zitronen- und Orangensaft sowie Sojasauce ablöschen und kurz verköcheln lassen. Die Zitronenscheiben wieder untermischen und alles mit Salz, Pfeffer und Piment d'Espelette abschmecken.

3 Den Pak Choi mit den Zitronen auf Teller verteilen, den Schinken in Stücke zupfen und darauf anrichten. Alles mit den Kräutern und nach Belieben Blüten bestreuen und servieren.

• **TIPP** • Der bekömmliche Asia-Kohl Pak Choi punktet in Sachen Vitamin C und Folsäure. Damit stärkt er das Immunsystem und schützt deine Körperzellen.

ASIATISCHE KÜCHE

Die asiatische Küche und Low Carb passen einfach perfekt zusammen. Das beweisen die Rezepte in dieser Sammlung auf lowcarb.de.

Optisch und geschmacklich ein Traum

ZUTATEN

8 g KH

- 2 große rote Paprikaschoten
- 1 grüne Paprikaschote
- 2 Knoblauchzehen
- ½ Bund Basilikum
- 2 EL Olivenöl
- 8 Eier
- 2 EL frisch geriebener Parmesan
- 175 g Ricotta
- ½ TL edelsüßes Paprikapulver
- Salz und Pfeffer

HILFSMITTEL

- Beschichtete, ofenfeste Pfanne (Ø etwa 22 cm)

ZUTATEN FÜR 4 PERSONEN | 50 MIN.
GLU

Paprika-Frittata mit Ricotta

PRO PORTION 364 kcal | 22 g E | 26 g F

1 Den Backofen auf 200 °C Ober-/Unterhitze vorheizen. Paprikaschoten waschen, halbieren, entkernen, in feine Streifen schneiden. Den Knoblauch schälen und fein würfeln. Basilikum waschen und trocken schütteln. Die Blättchen von den Stielen zupfen.

2 In einer ofenfesten Pfanne das Olivenöl erhitzen. Die Paprikastreifen und den Knoblauch darin 3–4 Minuten andünsten.

3 Die Eier und den Parmesan verquirlen und mit Paprikapulver, Salz und Pfeffer würzen. Den Mix auf das Gemüse gießen, die Hälfte vom Basilikum darüberstreuen. Ricotta glatt rühren und in kleinen Klecksen darauf verteilen. Die Frittata im vorgeheizten Backofen etwa 15–20 Minuten backen, mit übrigem Basilikum garnieren, in Stücke schneiden und servieren.

Schmeckt auch kalt

ZUTATEN FÜR 4 PORTIONEN | 45 MIN.
V VEG LAC GLU

Ratatouille mit Lupinen und Blumenkohlreis

PRO PORTION | 217 kcal | 10 g E | 10 g F

1 Blumenkohl waschen, putzen und im Veggie Ricer oder auf einer Küchenreibe raspeln. Raspel mit Zitronensaft vermischen und beiseitestellen. Lupinen abgießen, abspülen und abtropfen lassen.

2 Aubergine und Zucchini waschen, putzen und würfeln. Rote Zwiebeln schälen und würfeln. Knoblauch schälen und hacken. Thymian waschen, trocken schütteln, etwas für die Garnitur beiseite legen. Von den übrigen Stielen die Blättchen abstreifen. Paprika waschen, halbieren, entkernen und grob würfeln. Tomaten waschen und in Spalten schneiden.

3 Margarine in Pfanne erhitzen, Blumenkohlraspel darin andünsten. Brühe angießen, offen 5–10 Minuten leise köcheln lassen.

4 Inzwischen Olivenöl in einer großen Pfanne erhitzen. Aubergine, Zwiebeln, Zucchini und Paprika darin anbraten. Knoblauch hinzufügen, kurz andünsten, den Thymian dazugeben. Bei mittlerer Temperatur unter gelegentlichem Schwenken etwa 10 Minuten braten.

5 Tomaten und Lupinen zugeben und kurz mitbraten. Alles mit Salz und Pfeffer würzen. Blumenkohlreis mit Muskat, Salz und Pfeffer abschmecken. Ratatouille und Blumenkohlreis auf Tellern anrichten und mit dem Thymian garniert servieren.

ZUTATEN 24 g KH

- 500 g Blumenkohl
- 2 EL Zitronensaft
- 200 g gegarte Lupinenbohnen in Salzlake (Glas)
- 1 Aubergine
- 2 Zucchini
- 2 rote Zwiebeln
- 2 Knoblauchzehen
- ½ Bund Thymian
- 1 rote Paprikaschote
- 200 g Strauchtomaten
- 1 EL vegane Margarine
- 100 ml Gemüsebrühe
- 3 EL Olivenöl
- Salz und Pfeffer
- Etwas frisch geriebene Muskatnuss

HILFSMITTEL
- Veggie Ricer (erhältlich unter www.lowcarb.de/shop)

Gesunde Proteine
Abendessen Fastentage

FÜR DIE ZAHLREICHEN REGENERATIONSPROZESSE, DIE NACHTS IM KÖRPER ABLAUFEN, BRAUCHST DU ABENDS EINE EXTRAPORTION EIWEISS. DA KOMMEN STEAK, LACHS UND EIER GERADE RECHT ...

ZUTATEN

3 g KH

- 225 g Fleischwurst
- 75 g Gewürzgurken
- 200 g Mayonnaise
- 2–3 EL Gurkenwasser
- 1 TL Xylit
- Salz und Pfeffer

FÜR 400 G | 15 MIN.
LAC GLU

Schneller Fleischsalat

PRO PORTION (100 G) 548 kcal 8 g E | 57 g F

1 Die Fleischwurst von der Pelle befreien und nach Belieben in feine Streifen oder Würfel schneiden. Gurken gut abtropfen lassen und in dünne Scheiben schneiden.

2 Mayonnaise mit Gurkenwasser und Xylit glatt rühren. Fleischwurst und Gurken unterrühren und alles mit Salz und Pfeffer abschmecken, dann servieren.

• **TIPP** • Der Fleischsalat hält sich für 2 bis 3 Tage im Kühlschrank.

Ganz einfach selbst gemacht

FÜR 4 PORTIONEN | 30 MIN.
VEG LAC GLU

Lila Salat

PRO PORTION 256 kcal | 4 g E | 19 g F

1 Die Blattsalate putzen, waschen, trocken schleudern und in mundgerechte Stücke zupfen. Den Rotkohl putzen, waschen und in schmale Streifen schneiden oder hobeln. Chicorée waschen, putzen und quer in Streifen schneiden. Die Rote Bete schälen, waschen und fein raspeln. Sprossen waschen und trocken tupfen. Die vorbereiteten Salatzutaten in Schalen anrichten.

2 Für das Dressing den Essig mit dem Zitronensaft, Orangensaft, Senf, Salz, Pfeffer und Honig verrühren. Das Öl kräftig unterquirlen und das Dressing abschmecken. Den Salat mit dem Dressing beträufeln und kurz durchziehen lassen.

3 Den Granatapfel halbieren, die Kerne auslösen, den Salat damit bestreuen und servieren.

• **TIPP** • Radicchio steckt voller Vitamine und wirkt verdauungsfördernd.

ZUTATEN — 18 g KH

- 200 g rote Blattsalate (z. B. Radicchio, roter Batavia, Lollo rosso oder roter Eichblattsalat)
- 400 g Rotkohl
- 1 roter Chicorée
- 200 g Rote Bete
- 30 g Rote-Bete-Sprossen
- 3 EL heller Balsamicoessig
- 1 EL Zitronensaft
- 2 EL Orangensaft
- Salz und Pfeffer
- 1 TL mittelscharfer Senf
- 1 TL Honig
- 6–7 EL Olivenöl
- 1 kleiner Granatapfel

WWW.LOWCARB.DE

ZUTATEN

25 g KH

- 650 g Blumenkohl
- 3 EL Kokosöl
- 2 Eier
- 2 rote Chilischoten
- 2 Knoblauchzehen
- 1 rote Paprikaschote
- 80 g Baby-Maiskölbchen
- 100 g Shiitake-Pilze
- 150 g Zuckerschoten
- 1–2 cm Ingwer
- ½ Bund Koriander
- 4 Frühlingszwiebeln
- 2 EL Tamari (Sojasauce)
- Salz und Pfeffer

HILFSMITTEL
- Veggie Ricer (erhältlich unter www.lowcarb.de/shop)

FÜR 4 PORTIONEN | 30 MIN.
VEG LAC GLU

Gebratener Blumenkohlreis mit asiatischem Gemüse und Omelettstreifen

PRO PORTION 229 kcal | 11 g E | 11 g F

1 Blumenkohl putzen, in Röschen teilen, waschen, abtropfen lassen, in einem Veggie Ricer oder Blitzhacker zu feinen Krümeln zerkleinern. Nacheinander je 1 EL Kokosöl in einer Pfanne erhitzen, je immer 1 Ei in eine Schüssel schlagen, leicht verquirlen, in die Pfanne geben und zu einem sehr dünnen Omelett ausbacken. Herausnehmen, auf einem Teller auskühlen lassen, aufrollen und in etwa 5 mm breite Streifen schneiden.

2 Chilis waschen, trocken tupfen und in feine Ringe schneiden. Knoblauch schälen und fein würfeln. Paprika waschen, putzen und in Streifen schneiden. Maiskölbchen gut abtropfen lassen. Die Pilze putzen und in Stücke schneiden. Zuckerschoten waschen und längs halbieren. Ingwer schälen und fein reiben. Restliches Kokosöl in einer großen Pfanne erhitzen, darin Chiliringe, Knoblauch und Ingwer andünsten, dann den Blumenkohl hinzufügen und etwa 5 Minuten braten. Die Paprika und den Mais hinzufügen, weitere 2 Minuten garen. Dann Pilze und Zuckerschoten zugeben und nochmals 2 Minuten weitergaren.

3 Inzwischen Koriander waschen, trocken schütteln und die Blättchen abzupfen. Frühlingszwiebeln putzen, waschen, in feine Streifen schneiden. Frühlingszwiebeln und Tamari in die Pfanne geben. Alles schwenken, mit Salz und Pfeffer würzen. Omelettstreifen darüber verteilen und mit Koriander garnieren, dann servieren.

• **TIPP** • Shiitake-Pilze können wunderbar beim Abnehmen helfen. Sie sind fettarm und liefern so viele B-Vitamine wie die gleiche Menge an Fleisch. Daher sind sie besonders für die vegetarische Ernährung zu empfehlen.

Klicke hier und entdecke jede Menge vegetarische Low Carb-Rezepte, die dir abends gut tun!

Unser Veggie-Hit

ZUTATEN

19 g KH

- 200 g Erbsen (frisch oder TK)
- 400 g Kichererbsen (Dose)
- 2 Gurken
- 200 g Radieschen
- 3 Stiele Petersilie
- 4 Stiele Minze
- 1 Granatapfel
- 1 rote Chilischote
- 1 Knoblauchzehe
- ½ unbehandelte Zitrone
- 4 EL Olivenöl
- Salz und Pfeffer

FÜR 4 PORTIONEN | 25 MIN.

V VEG LAC GLU

Kichererbsen-Salat mit Gurke und Minze

PRO PORTION 225 kcal 7 g E | 13 g F

1 Die Erbsen etwa 2 Minuten in Salzwasser blanchieren, abschrecken und gut abtropfen lassen. Die Kichererbsen in einem Sieb abspülen und ebenfalls gut abtropfen lassen. Sämtliches Gemüse und Kräuter waschen und bei Bedarf putzen. Gurken längs halbieren, die Kerne ausschaben und die Hälften in kleine Stücke schneiden. Radieschen längs vierteln oder halbieren und in Scheiben schneiden.

2 Kräuter trocken schütteln, die Blätter abzupfen und grob hacken. Granatapfel halbieren und die Kerne herauslösen. Chilischote klein würfeln. Knoblauch schälen und fein hacken. Zitrone heiß waschen, die Schale fein abreiben, den Saft auspressen. In einer Schüssel das Öl mit Zitronensaft, -schale, Salz und Pfeffer verrühren. Alle vorbereiteten Salatzutaten untermischen und abschmecken. Anschließend auf Teller verteilen und mit den Granatapfelkernen bestreut servieren.

• **TIPP** • Kichererbsen stecken voller Proteine, die lange sättigen und somit deinen Heißhunger bremsen können. Zusammen mit nur wenigen Zutaten zauberst du dir in nur 20 Minuten einen frischen Sattmacher-Salat, der einem klassischen Taboulé in nichts nachsteht!

Gesund und bunt

FÜR 6 STÜCK | 40 MIN.
GLU

Gebackene Eier mit Tomaten und Speck

PRO STÜCK | 116 kcal | 5 g E | 10 g F

1 Die Tomaten waschen und halbieren. Die Frühlingszwiebeln putzen, waschen und in dünne Ringe schneiden. Schnittlauch waschen, trocken schütteln und in feine Röllchen schneiden.

2 Den Bacon in Streifen schneiden, in einer Pfanne auslassen und knusprig braten. Dann herausnehmen und auf etwas Küchenpapier abtropfen lassen. Frühlingszwiebeln und Tomaten in der Pfanne im Bratfett 2–3 Minuten anbraten, salzen, pfeffern und kurz abkühlen lassen. Den Backofen auf 200 °C Ober-/Unterhitze vorheizen. 6 Förmchen mit etwas Butter fetten.

3 Speck und die Hälfte des Schnittlauchs unter die Tomatenmischung rühren. Etwas davon auf dem Boden der Förmchen verteilen. Eier trennen und Eigelb jeweils daraufgleiten lassen. Restliche Speck-Tomaten-Mischung daraufgeben. Das Eiweiß mit der Sahne verquirlen, salzen, pfeffern und in die Förmchen verteilen.

4 Die Förmchen auf ein tiefes Backblech stellen, etwa 3 cm hoch heißes Wasser einfüllen. Leicht pfeffern, im vorgeheizten Ofen in 10–15 Minuten stocken lassen. Gebackene Eier mit restlichem Schnittlauch bestreuen und servieren.

ZUTATEN 2 g KH
- 200 g Kirschtomaten
- 2 Frühlingszwiebeln
- ½ Bund Schnittlauch
- 100 g Bacon in dünnen Scheiben
- Salz und Pfeffer
- Etwas weiche Butter zum Fetten der Förmchen
- 6 Eier
- 3 EL Sahne

HILFSMITTEL
- 6 ofenfeste Förmchen

ZUTATEN

7 g KH

- 500 g Rosenkohl
- 2 Knoblauchzehen
- 2 Stiele Minze
- 1 EL Butterschmalz
- 2 Lorbeerblätter
- Salz und Pfeffer
- 80 ml Buttermilch
- ½ TL Senf
- 1 EL Schmand
- 1 EL Zitronensaft
- 1 EL Olivenöl
- 50 g geriebener Parmesan

HILFSMITTEL
- Ofenfeste Pfanne

FÜR 4 PORTIONEN | 40 MIN.
GLU

Gratinierter Rosenkohl mit Buttermilchdressing

PRO PORTION | 188 kcal | 11 g E | 13 g F

1 Den Rosenkohl putzen und halbieren. Knoblauch schälen und fein würfeln. Minze waschen, trocken schütteln, Blätter abzupfen und in feine Streifen schneiden.

2 Den Backofen auf 200 °C Ober-/Unterhitze vorheizen. Butterschmalz in einer ofenfesten Pfanne erhitzen, dann den Rosenkohl darin 3–4 Minuten anbraten. Knoblauch und Lorbeerblätter zugeben und alles mit Salz und Pfeffer würzen. Die Pfanne für 8–10 Minuten in den heißen Ofen stellen und den Rosenkohl darin weitergaren.

3 Inzwischen für das Dressing Buttermilch, Senf, Schmand, Zitronensaft und Öl in einen hohen Rührbecher geben und mit dem Pürierstab fein mixen. Mit Salz und Pfeffer abschmecken.

4 Dressing über dem Rosenkohl verteilen, gut durchmischen, den Parmesan darüberstreuen und alles 2–3 Minuten unter dem Backofengrill gratinieren. Herausnehmen, kurz abkühlen lassen, dann mit der Minze bestreuen und servieren.

FÜR 4 PORTIONEN | 60 MIN.
VEG GLU

Rote-Bete-Suppe mit Meerrettichschmand

PRO PORTION 149 kcal | 4 g E | 5 g F

1 Zwiebel und Kartoffeln schälen, Kartoffeln waschen, beides in Würfel schneiden. Rote Bete von Stiel- und Wurzelansatz befreien, mit einem Sparschäler schälen und in Stücke schneiden, dabei am besten Handschuhe tragen.

2 Petersilie waschen, trocken schütteln, Blättchen abzupfen. Meerrettich schälen und fein reiben. Petersilie, Meerrettich und Schmand vermengen und kalt stellen.

3 Öl in einem Topf erhitzen, Zwiebel glasig andünsten. Rote Bete und Kartoffeln hinzufügen, für einige Minuten mitdünsten. Mit Brühe ablöschen und 20 Minuten bei mittlerer Hitze abgedeckt garen.

4 Suppe mit einem Pürierstab oder in einem Standmixer pürieren und mit Salz, Pfeffer und Essig abschmecken. Ist die Suppe zu dick, noch etwas Brühe unterrühren. Suppe auf 4 Teller verteilen, mit dem Meerrettichschmand garnieren und servieren.

• **TIPP** • Hier sind Kartoffeln erlaubt, weil du ja nicht „No Carb", sondern „Low Carb" isst. Wenn du noch mehr Kohlenhydrate einsparen möchtest, dann verwende gekochte, abgekühlte Kartoffeln vom Vortag. So verwandeln sich die Carbs in sogenannte resistente Stärke, die kaum vom Körper verdaut wird und wichtige Ballaststoffe liefert.

ZUTATEN   20 g KH

- 1 Zwiebel
- 200 g mehligkochende Kartoffeln
- 500 g Rote Bete
- ½ Bund Petersilie
- 1–2 cm frischer Meerrettich nach Geschmack
- 100 g Schmand
- 2 EL Rapsöl
- 800 ml Gemüsebrühe
- Salz und Pfeffer
- 2 EL Rotweinessig

HILFSMITTEL
- Pürierstab oder Standmixer

ZUTATEN

14 g KH

- 100 g Lauch
- 2 Zwiebeln
- 100 g Knollensellerie
- 200 g Karotten
- 750 g gemischte Pilze (z. B. Steinpilze, Maronenröhrlinge, Birken-Rotkappen, Pfifferlinge, Krause Glucken)
- 1 Knoblauchzehe
- ½ Bund Petersilie
- 3 Stiele Thymian
- 4 EL Rapsöl
- 1 l heiße Gemüsebrühe
- Salz und Pfeffer
- 50 g Gruyère

FÜR 4 PORTIONEN | 60 MIN.
VEG GLU

Gemüsesuppe mit Pilzen

PRO PORTION 263 kcal | 12 g E | 19 g F

1 Den Lauch gründlich putzen, waschen und fein würfeln. Die Zwiebeln schälen und fein würfeln. Sellerie und Karotten schälen, in etwa 5 mm große Würfel schneiden.

2 Pilze putzen, nur bei Bedarf waschen. Anschließend in dünne Scheiben oder mundgerechte Stücke schneiden. Den Knoblauch schälen und fein würfeln. Petersilie und Thymian waschen und trocken schütteln. Blättchen abzupfen und grob hacken.

3 Das Öl in einem Topf erhitzen. Lauch, Zwiebeln, Sellerie, Karotten, Knoblauch und Thymian darin etwa 5 Minuten andünsten. Die Pilze dazugeben und in etwa 2 Minuten rundherum anbraten. Brühe angießen, aufkochen, alles bei kleiner Hitze 10–15 Minuten köcheln lassen. Kurz vor Ende der Garzeit die Petersilie unterrühren.

4 Die Suppe mit Salz und Pfeffer würzig abschmecken. Gruyère fein reiben. Suppe in Suppenteller schöpfen, jeweils mit etwas geriebenem Käse bestreuen und servieren.

• **TIPP** • Pilze sind echte Gesundheitsstars. Sie fördern die Aufnahme von lebenswichtigem Eisen und sind gut für deine Knochen.

PILZ-REZEPTE

Zu den besten Low Carb-Pilz-Rezepten geht es hier entlang!

Warmes für die Seele

ZUTATEN

17 g KH

- ½ Rettich
- 1 Gurke
- 1 Ringelbete
- 1 gelbe Paprikaschote
- 100 g Zuckerschoten
- 1 rote Zwiebel
- 1 Frühlingszwiebel
- ½ Bund Koriander
- 1 unbehandelte Limette
- 2 EL Erdnussmus
- 2 EL helle Sojasauce
- 2 EL helles Erdnussöl
- 1 TL Reissirup
- Salz
- 2 EL Mandelblättchen

HILFSMITTEL

- Spiralschneider (erhältlich unter www.lowcarb.de/shop)

FÜR 4 PORTIONEN | 30 MIN.

V VEG LAC GLU

Pad Thai mit Gemüsenudeln und Erdnuss-Dressing

PRO PORTION 180 kcal 6 g E | 11 g F

1 Den Rettich schälen, die Gurke waschen und putzen. Rote Bete schälen. Rettich, Gurke und Rote Bete mit einem Spiralschneider in feine „Spaghetti" schneiden. Paprika waschen, putzen, vierteln, in schmale Streifen schneiden.

2 Zuckerschoten waschen, putzen und in mundgerechte Stücke schneiden. Zwiebel schälen, halbieren und in feine Ringe schneiden. Frühlingszwiebel putzen, waschen und in dünne Ringe schneiden. Koriander waschen, trocken schütteln und die Blätter abzupfen. Limette heiß waschen, halbieren und aus einer Hälfte den Saft auspressen. Übrige Hälfte in Spalten schneiden.

3 Die vorbereiteten Zutaten vermengen und auf Tellern verteilen. Das Erdnussmus mit Sojasauce, Limettensaft, Öl und Sirup verrühren. Mit Salz abschmecken und über den Salat träufeln. Mit den Mandelblättchen bestreuen und mit Limettenspalten garniert servieren.

• **TIPP** • Pad Thai ist ein traditionelles thailändisches Gericht, das aus Reisbandnudeln besteht. Hier ersetzen wir sie einfach mit Nudeln aus Gemüse, die wir mit dem Spiralschneider herstellen.

ZUTATEN FÜR 4 PORTIONEN | 40 MIN.
LAC GLU

Gedämpftes Orangen-Ingwer-Hähnchen mit grünem Gemüse

PRO PORTION | 200 kcal | 15 g E | 11 g F

1 Den Pak Choi waschen, putzen und halbieren. Den Choisum waschen, putzen und in etwa 6 cm große Stücke schneiden. Die Frühlingszwiebeln schräg in hauchdünne Ringe schneiden. Ingwer schälen und in hauchdünne Streifen schneiden. Orangen heiß waschen und die Schale in Zesten abreiben. 1 Orange halbieren und den Saft auspressen. Pfefferbeeren grob zerstoßen.

2 Das Hähnchenfleisch trocken tupfen und schräg gegen die Faser in 3 Teile schneiden. Pak Choi und Choisum in einen Bambus-Dämpfkorb geben. Die Fleischstücke darauflegen. Den Ingwer mit dem rosa Pfeffer und den Orangenzesten auf den Fleischstücken verteilen. Mit Salz würzen und mit 1 EL Sesamöl beträufeln.

3 Auf einen passenden Topf mit kochendem Wasser setzen, alles abdecken und in 10–15 Minuten gar dämpfen.

4 In der Zwischenzeit für das Dressing das restliche Sesamöl mit der Sojasauce, dem Reisessig und dem Erdnussöl verquirlen. Den Korb vom Dampf nehmen und mit dem Dressing servieren.

ZUTATEN — 15 g KH

- 600 g junger Pak Choi
- 500 g Choisum (Chinesischer Blütenkohl, alternativ Spinat, China- oder Spitzkohl)
- 2 Frühlingszwiebeln
- 2 cm Ingwer
- 2 unbehandelte Orangen
- 1 TL rosa Pfefferbeeren
- 650 g Hähnchenbrustfilet
- Salz
- 2 EL Sesamöl
- 1 EL Sojasauce
- 1 EL Reisessig
- 1 EL Erdnussöl

ZUTATEN

9 g KH

- 2 EL flüssiger Honig
- 2 EL scharfer Senf
- 3 EL Rapsöl
- 1 Schalotte
- 1 Knoblauchzehe
- Salz und Pfeffer
- ½ TL edelsüßes Paprikapulver
- ½ TL rosenscharfes Paprikapulver
- 600 g Hähnchenbrustfilet
- 4 rote Zwiebeln
- 1 gelbe Paprikaschote

HILFSMITTEL
- 8 Holzspieße
- Grillpfanne oder Grill

FÜR 4 PORTIONEN | 30 MIN. ZZGL. 4 STD. RUHEZEIT

LAC GLU

Hähnchenspieße mit Honig-Senf-Marinade

PRO PORTION 175 kcal | 9 g E | 11 g F

1 Den Honig mit dem Senf und dem Öl verquirlen. Die Schalotte und den Knoblauch schälen und fein würfeln, unter die Marinade mischen. Mit Salz, Pfeffer und beiden Paprikapulversorten würzen. Die Hähnchenbrust mit Küchenpapier trocken tupfen, etwa 2 cm groß würfeln. Die Zwiebeln schälen und vierteln. Die Paprikaschote waschen, putzen und in grobe Stücke schneiden.

2 Hähnchenfleisch mit Zwiebeln und Paprika abwechselnd auf die Spieße stecken. Die Spieße in die Marinade legen und 4 Stunden abgedeckt kalt stellen.

3 Die Spieße aus der Marinade heben und in einer Grillpfanne oder auf dem heißen Grill in etwa 8 Minuten rundherum garen, dann servieren. Nach Belieben etwas Eiweißbrot dazu reichen.

• **TIPP** • Mariniere deine Spieße am besten schon einen Tag vorher, dann geht es am nächsten Tag nach dem Feierabend ganz schnell mit der Zubereitung.
Beachte: Sollte noch etwas von der Marinade übrig bleiben, sollte diese nicht mehr weiterverwendet werden, da sie mit rohem Fleisch in Berührung gekommen ist.

FÜR 6 PORTIONEN | 20 MIN.
VEG GLU

Ratz-Fatz-Salat

PRO PORTION | **133 kcal** | 3 g E | 9 g F

1 Salat putzen, in mundgerechte Stücke schneiden, waschen und trocken schleudern. Paprika und Gurke waschen, putzen und fein würfeln oder raspeln.

2 Für das Dressing Öl, Essig, Sahne, Senf und Xylit verquirlen. Mit Salz und Pfeffer kräftig abschmecken. Sauce mit Salat, Paprika und Gurke vermengen, Sonnenblumenkerne ebenfalls unter den Salat heben und servieren.

• **TIPP** • Diesen köstlichen und schnellen Salat kannst du ganz nach Belieben variieren. Anstelle der Sonnenblumenkerne kannst du auch Pinienkerne oder Erdnüsse verwenden. Für ein noch intensiveres Aroma vorher in einer Pfanne ohne Zugabe von Fett anrösten.

ZUTATEN — **10 g KH**

- 500 g Eisbergsalat
- 1 rote Paprikaschote
- 1 Gurke
- 3 EL Olivenöl
- 3 EL heller Balsamicoessig
- 50 g Sahne
- 1–2 TL mittelscharfer Senf
- 1 TL Xylit
- Salz und Pfeffer
- 2 EL Sonnenblumenkerne

Mit Dressing ohne Zucker

Jetzt einfach durchstarten
WOCHE 1

 FÜR 5:2

	MONTAG	**FASTENTAG** DIENSTAG	MITTWOCH
FRÜHSTÜCK 	Frucht-Bowl mit Joghurtsauce Seite 66	Porridge mit Himbeeren und Kürbiskernen  Seite 113	Eiweißbrot mit Frischkäse, Tomaten und Avocado  Seite 21 und 22
MITTAG 	Kabeljau mit Bohnen und Senfsauce  Seite 43	Gemüsetorte mit Ricottacreme  Seite 124	Pastinaken-„Penne" mit Hähnchen und Rucola  Seite 37
ABENDESSEN 	Grünkohlsalat mit Avocado und Haselnüssen Seite 47	Gedämpftes Orangen-Ingwer-Hähnchen  Seite 147	Gemüsetorte mit Ricottacreme  Seite 124
SNACKS, SÜSSES & GETRÄNKE 	Selbst gemachtes Bounty  Seite 69		3 Chocolate Chip Cookies  Seite 90
KCAL	1.039	600	1.374
KH	51	47	46

LOS GEHT'S!

Mit diesem Plan nimmst du an Fastentagen etwa 600 kcal zu dir. Zudem enthält kein Gericht mehr als 25 g KH pro Portion.

GÖNNE DIR AN NICHT-FASTENTAGEN EINE ZWEITE PORTION!

FASTENTAG DONNERSTAG	FREITAG	SAMSTAG	SONNTAG
Rührei mit Gemüse	Herzhafte Overnight Oats	Birnen-Mohn-Pancakes	Hüttenkäse-Salat
Seite 112	Seite 17	Seite 27	Seite 70
Zucchini-Spaghetti mit Tomaten	Fenchel-Radieschen-Salat mit Lachs	Auberginen-Tomaten-Auflauf	Rindersteak mit Süßkartoffelspalten und Salat
Seite 120	Seite 36	Seite 42	Seite 31
Gemüsesuppe mit Pilzen	Keto-Wraps mit Schinken und Pesto-Creme	Avocado mit Hüttenkäse und Sprossen	Gerösteter Blumenkohl mit Granatapfelkernen und Minze
Seite 144	Seite 59	Seite 58	Seite 46
	3 Chocolate Chip Cookies	3 Käse-Mandel-Bites	Joghurt mit Mandeln und Kiwi
	Seite 90	Seite 68	Seite 95
601	1.233	1.231	1.122
29	44	58	64

WWW.LOWCARB.DE

Du wirst es schaffen!
WOCHE 2

	MONTAG	**FASTENTAG** DIENSTAG	MITTWOCH
FRÜHSTÜCK 	Walnussbrot mit Brokkoli-Kräuter-Aufstrich  Seite 106 und 107	Grüne Smoothie-Bowl mit Ei  Seite 114	Omeletts mit Cornichons  Seite 16
MITTAG 	Spinatküchlein mit Salat  Seite 32	Zwiebelkuchen  Seite 126	Blumenkohl-Brokkoli-Gratin  Seite 33
ABENDESSEN 	Ofen-Wirsing mit Kräuterremoulade  Seite 50	Ratz-Fatz-Salat  Seite 149	Zwiebelkuchen  Seite 126
SNACKS, SÜSSES & GETRÄNKE 	2 Powerriegel mit Feigen und Walnüssen  Seite 65		2 Powerriegel mit Feigen und Walnüssen  Seite 65
KCAL	1.335	540	1.148
KH	74	28	50

WEITER GEHT'S!

Unsere Low Carb-Rezepte sind so zusammengestellt, dass du dich ausgewogen und gesund ernährst.

WEITERE ERNÄHRUNGS-PLÄNE AUF LOWCARB.DE

FASTENTAG DONNERSTAG	FREITAG	SAMSTAG	SONNTAG
Quarkspeise mit Beeren	Frühstücks-Spiegelei mit Wurst	Protein-Waffeln	Müsli-Quark-Hörnchen mit Trockenobst
Seite 110	Seite 26	Seite 86	Seite 64
Sous-vide-Hähnchen mit Krautsalat	Einfache Schmarrenpfanne mit Ei	Rindfleisch-Salat mit bunten Tomaten	Schweinemedaillons mit Rotkohl und Karotten
Seite 122	Seite 39	Seite 34	Seite 30
Gebackene Eier mit Tomaten und Speck	Quinoa-Süßkartoffel-Burger mit Halloumi-Buns	Blumenkohl-Spinat-Tacos	Avocado mit Hüttenkäse und Sprossen
Seite 141	Seite 40	Seite 56	Seite 58
♥	Sellerie-Pommes mit Currymarinade	Käsekuchen ohne Mehl	Käsekuchen ohne Mehl
	Seite 67	Seite 91	Seite 91
473	1.151	1.051	1.204
34	47	51	69

WWW.LOWCARB.DE

So geht gesünderes Essen
WOCHE 3

FÜR 5:2

	MONTAG	**FASTENTAG** DIENSTAG	MITTWOCH
FRÜHSTÜCK	Mandel-Quark-Brot und Brombeer-Frischkäse-Aufstrich Seite 104 und 105	Mandel-Quark-Brot und Brombeer-Frischkäse-Aufstrich Seite 104 und 105	Porridge mit Himbeeren und Kürbiskernen Seite 113
MITTAG	Kokos-Fischcurry Seite 38	Ratatouille mit Lupinen und Blumenkohlreis Seite 133	Lammsteak mit Brokkolini und nussiger Sauce Seite 52
ABENDESSEN	Kichererbsen-Salat mit Gurke und Minze Seite 140	Gefüllte Zucchini mit Erbsen und Frischkäse Seite 127	Blumenkohl-Risotto mit Lachs und Garnelen Seite 53
SNACKS, SÜSSES & GETRÄNKE	3 Zitronenkekse Seite 88		3 Zitronenkekse Seite 88
KCAL	1.173	527	1.355
KH	53	44	53

DU BIST ES WERT

Gratulation! Einen halben Monat hast du schon geschafft, sicher wirst du schon erste Erfolge spüren.

FASTENTAG DONNERSTAG	FREITAG	SAMSTAG	SONNTAG
Kräuteromelett aus dem Glas	Keto-Overnight-Seeds mit Beeren und Kokos	Schnelles Bauernfrühstück mit Kohlrabi und Speck	Karotten-Küchlein mit Rucolasalat
Seite 116	Seite 18	Seite 20	Seite 24
Gefüllte Zucchini mit Erbsen und Frischkäse	Zucchini-Spaghetti mit Tomaten	Gebratenes Fischfilet mit Asia-Salat	Schnelles Chili mit Blumenkohlpüree
Seite 127	Seite 120	Seite 51	Seite 57
Lila Salat	Rösti-Burger mit pochiertem Ei	Karottensalat mit roter Zwiebel	Eiweißbrot mit Fleischsalat
Seite 137	Seite 48	Seite 128	Seite 21 und 136
	Fischfrikadellen	Samen-Cracker mit Avocado-Grünkohl-Dip	Schoko-Gugelhupf mit Orange und Kokos
	Seite 62	Seite 63	Seite 94
481	1.106	1.017	1.029
26	48	49	48

Für dich geplant
WOCHE 4

FÜR 5:2

	MONTAG	**FASTENTAG** **DIENSTAG**	**MITTWOCH**
FRÜHSTÜCK 	Skyr mit Beeren und selbst gemachtem Schoko-Granola  Seite 23	Schnelle Cloud Eggs mit Zucchini und Spinat Seite 111	Quarksoufflé mit Früchten Seite 108
MITTAG 	Weißkohl-Paprika-Salat mit Erdnusssauce  Seite 129	Spinat-Peperoni-Suppe mit Joghurt  Seite 123	Fenchel-Radieschen-Salat mit Lachs  Seite 36
ABENDESSEN 	Rösti-Burger mit pochiertem Ei Seite 48	Pad Thai mit Gemüsenudeln und Erdnussdressing  Seite 146	Grünkohlsalat mit Avocado und Haselnüssen   Seite 47
SNACKS, SÜSSES & GETRÄNKE 	Schoko-Gugelhupf mit Orange und Kokos  Seite 94		Orangen-Karotten-Sorbet mit Ingwer  Seite 93
KCAL	1.101	496	1.058
KH	68	44	55

FITTER, SCHLANKER, GLÜCKLICHER

SO EINFACH IST FASTEN!

Du hast super durchgehalten und kannst echt stolz auf dich sein!
Wir unterstützen dich auch weiterhin auf lowcarb.de und in der App.

FASTENTAG DONNERSTAG	FREITAG	SAMSTAG	SONNTAG
Schneller Gurkensnack mit Hüttenkäse-Krabben-Topping	Kräuteromelett aus dem Glas	Schoko-Chiapudding mit Beeren	Omeletts mit Cornichons
Seite 117	Seite 116	Seite 89	Seite 16
Karottensalat mit roter Zwiebel	Blumenkohl-Risotto mit Lachs und Garnelen	Auberginen-Tomaten-Auflauf	Lammsteaks mit Brokkolini und nussiger Sauce
Seite 128	Seite 53	Seite 42	Seite 52
Gebratener Blumenkohlreis mit asiatischem Gemüse & Omelettstreifen	Keto-Wraps mit Schinken und Pesto-Creme	Spargel-Frittata	Rote-Bete-Suppe mit Meerrettichschmand
Seite 138	Seite 59	Seite 54	Seite 143
♥	Blueberry-Cheesecake-Muffins	Kräuter-Windbeutel mit Trauben-Gorgonzola-Creme	Karamell-Walnuss-Eis mit Chai-Apfelmus
	Seite 87	Seite 71	Seite 92
577	1.022	1.140	1.116
55	25	43	64

WWW.LOWCARB.DE

Dein individueller

SCHNELLSTART-PLANER

UHRZEIT		MONTAG	DIENSTAG	MITTWOCH
____ Uhr	ERSTE MAHLZEIT	Seite:	Seite:	Seite:
____ Uhr	ZWEITE MAHLZEIT	Seite:	Seite:	Seite:
____ Uhr	DRITTE MAHLZEIT	Seite:	Seite:	Seite:
____ Uhr	SNACKS, SÜSSES & GETRÄNKE	Seite:	Seite:	Seite:
		____ Stunden **FASTENPHASE**	____ Stunden **FASTENPHASE**	____ Stunden **FASTENPHASE**
		____ Stunden **ESSENSPHASE**	____ Stunden **ESSENSPHASE**	____ Stunden **ESSENSPHASE**

Hier oder unter www.lowcarb.de/intervallfasten kannst du deinen Schnellstart-Planer einfach ausdrucken und selber ausfüllen!

DONNERSTAG	FREITAG	SAMSTAG	SONNTAG
Seite:	Seite:	Seite:	Seite:
Seite:	Seite:	Seite:	Seite:
Seite:	Seite:	Seite:	Seite:
Seite:	Seite:	Seite:	Seite:
____ Stunden **FASTENPHASE**	____ Stunden **FASTENPHASE**	____ Stunden **FASTENPHASE**	____ Stunden **FASTENPHASE**
____ Stunden **ESSENSPHASE**	____ Stunden **ESSENSPHASE**	____ Stunden **ESSENSPHASE**	____ Stunden **ESSENSPHASE**

WWW.LOWCARB.DE

Mein persönliches

ABNEHMTAGEBUCH

Gewicht verlieren, besser schlafen, fitter werden – mit unserem praktischen Tagebuch behältst du deine Ziele im Blick und kannst deine Erfolge überprüfen!

Meine Ziele:

1. ....
2. ....
3. ....

Das will ich mir Gutes tun:

1. ....
2. ....
3. ....

So fühle ich mich gerade:

....
....
....
....

TAGEBUCH

Meine Werte

Datum: ....

Maße

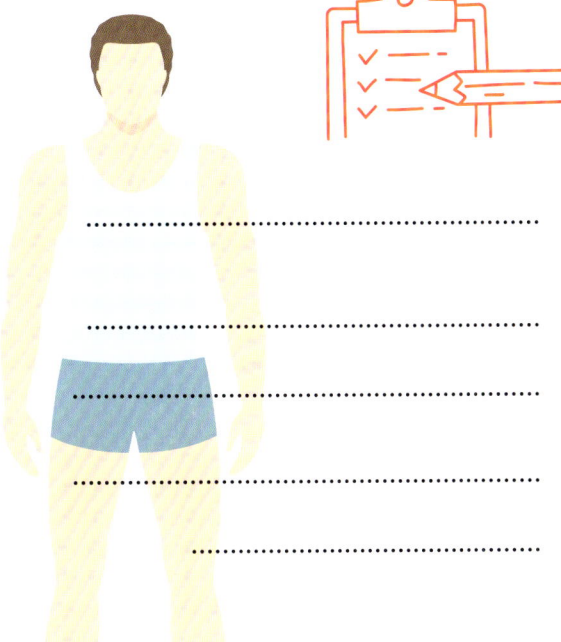

Brustumfang .... cm

Taillenumfang .... cm

Hüftumfang .... cm

Oberschenkelumfang
links .... cm

Oberschenkelumfang
rechts .... cm

Gewicht:

BMI:

BMI BERECHNEN

Der Body Mass Index (BMI) setzt die Körpergröße ins Verhältnis zum Gewicht. Die Formel: Körpergewicht in Kilogramm geteilt durch Körpergröße in Metern zum Quadrat.

$$BMI = \frac{\text{Körpergewicht in kg}}{(\text{Körpergröße in m})^2}$$

Auch online kann man seinen BMI berechnen, zum Beispiel auf www.bmi-rechner.net. Wichtig: Der BMI sollte nur als grober Richtwert gesehen werden, da er weder die Muskelmasse noch die Fettverteilung einberechnet.

WAS BEDEUTET DER BMI-WERT?

Alter	Untergewicht	Normalgewicht	Leichtes Übergewicht	Übergewicht
18–24 Jahre	< 18	19–24	25–28	> 29
25–34 Jahre	< 19	20–25	26–29	> 30
35–44 Jahre	< 20	21–26	27–30	> 31
45–54 Jahre	< 21	22–27	28–31	> 32
55–64 Jahre	< 22	23–28	29–32	> 33
65–90 Jahre	< 23	24–29	30–33	> 34

WWW.LOWCARB.DE

ESSEN: MO   DI   MI   DO   FR   SA   SO

FRÜHSTÜCK ....

....

MITTAGESSEN ....

So fühle ich mich heute:

....

ABENDESSEN ....

SPORT & FITNESS:

....

SNACKS ....

....

WASSER:

SCHLAFDAUER: ....

SCHLAFQUALITÄT: ....

ESSEN: MO   DI   MI   DO   FR   SA   SO

FRÜHSTÜCK ....

....

MITTAGESSEN ....

So fühle ich mich heute:

....

ABENDESSEN ....

SPORT & FITNESS:

....

SNACKS ....

....

WASSER:

SCHLAFDAUER: ....

SCHLAFQUALITÄT: ....

TAGEBUCH

ESSEN: MO   DI   MI   DO   FR   SA   SO

FRÜHSTÜCK ....

....

MITTAGESSEN ....

So fühle ich mich heute:

....

ABENDESSEN ....

SPORT & FITNESS:

....

SNACKS ....

....

WASSER: SCHLAFDAUER: ....

                SCHLAFQUALITÄT: ....

So lief meine Woche:

Einfach den QR-Code scannen oder auf www.lowcarb.de/abnehmtagebuch gehen und die Vorlage für weitere Tage ausdrucken!

Habe ich meine Ziele erreicht?

ja/nein

WWW.LOWCARB.DE

Bisher erschienen

Erreiche einfach mehr mit der Einsteiger-Buchreihe von **„Abnehmen mit lowcarb.de"** und mache es dir leicht: Koche und backe supereinfache Rezepte, die wirklich lecker schmecken und dein Leben gesünder machen!

Easy einsteigen
Alles Wichtige über Low Carb
PLUS: 100 Basis-Rezepte

ISBN: 978-3-96417-172-6

100 schnelle Rezepte
Zeit & Carbs sparen mit Meal Prep

Gewusst wie
Backen ohne Mehl & Zucker:
100 herzhafte & süße Rezepte

ISBN: 978-3-96417-194-8   ISBN: 978-3-96417-213-6

Du möchtest gesünder essen? Mit lowcarb.de und unseren Büchern kann's losgehen!
Schlage einfach hier nach: je 172 Seiten, 100 Low Carb-Gerichte und wertvolle Tipps, 14,99 Euro

Jetzt lowcarb.de-Kochbücher bestellen unter:
www.falkemedia-shop.de/buecher/

AUCH ÜBERALL IM BUCHHANDEL:

Gemeinsam
ZUM WOHLFÜHLGEWICHT

Besuche uns auf Instagram oder Facebook! Hier teilen wir täglich neue Rezeptideen und Tipps zum Thema Low Carb.

HIER GEHT'S DIREKT ZU UNSEREN CHANNELS:

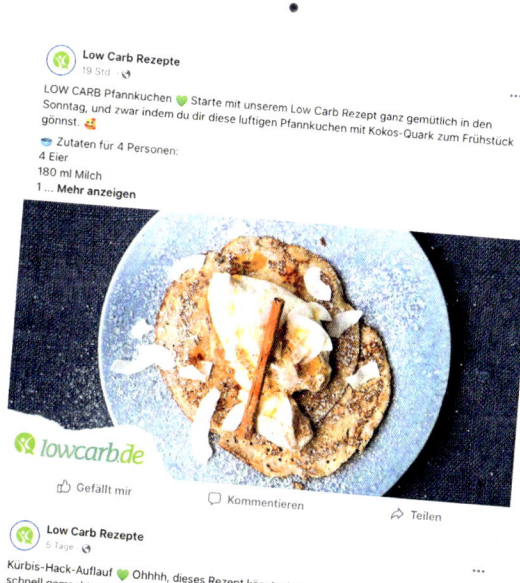

GESUND ABNEHMEN MIT GENUSS

Lecker und einfach!

Zum Wohlfühlgewicht mit Genuss ohne Kalorienzählen

So einfach wie nie abnehmen, wohlfühlen, Gewicht halten

Ernährungspläne und Rezepte für jeden Esstyp

Alle Ernährungspläne online

App für individuelle Planung mit interaktivem Wochenplaner

STARTE JETZT DEIN LOWCARB.DE-PROGRAMM AUF LOWCARB.DE/GRATISTESTEN

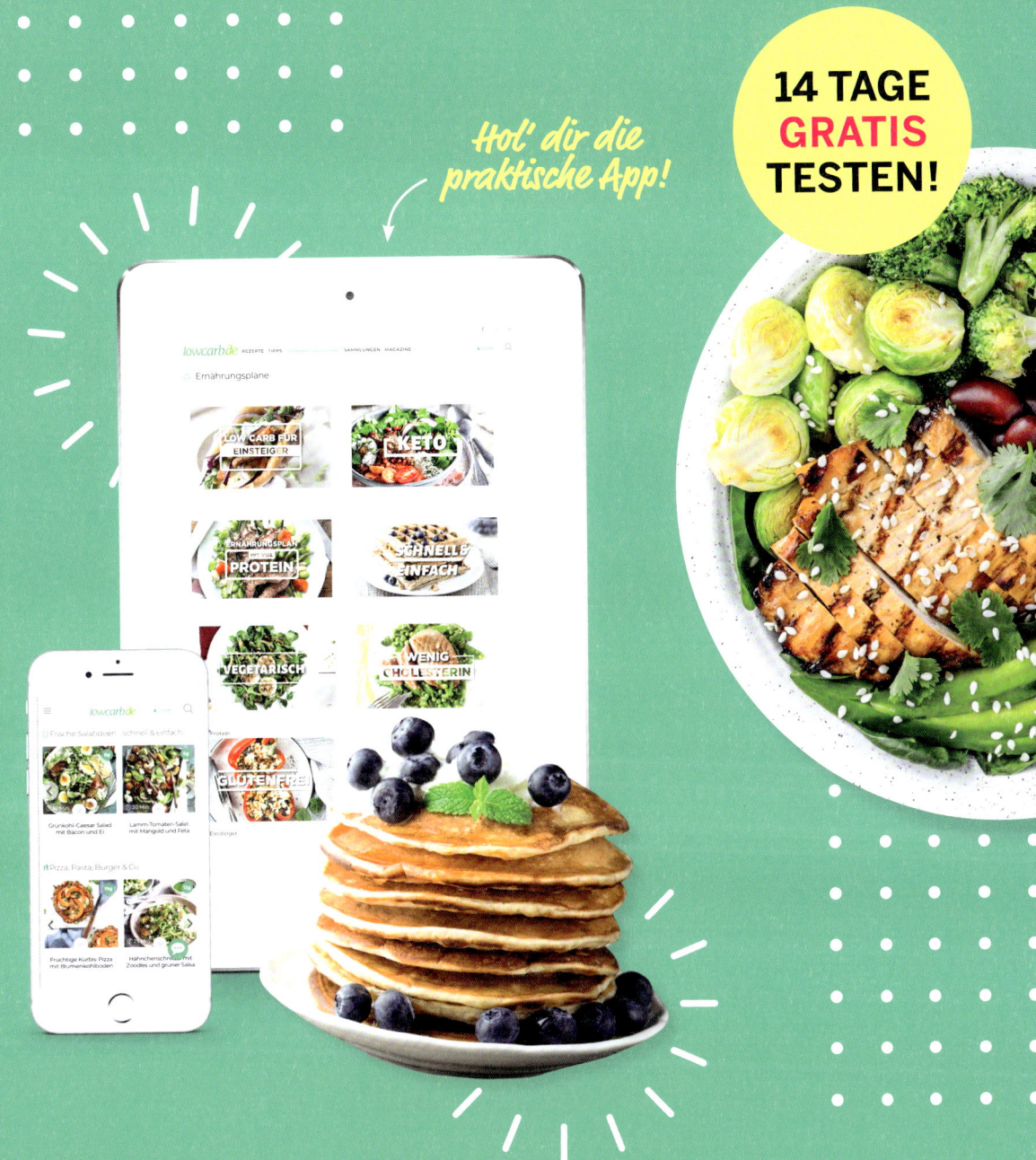

ERREICHE UND HALTE MIT LOWCARB.DE DEIN WOHLFÜHLGEWICHT!

MACH SCHLUSS MIT DIÄTEN & JO-JO-EFFEKT! TAUSENDE REZEPTE WARTEN AUF DICH!

REZEPTREGISTER

A
Apfel-Vanille-Shake	75
Auberginen-Tomaten-Auflauf	42
Avocado mit Hüttenkäse und Sprossen	58

B
Bauernfrühstück mit Kohlrabi und Speck, schnelles	20
Blueberry-Cheesecake-Muffins	87
Blumenkohl-Brokkoli-Gratin mit Haselnusstopping	33
Blumenkohlreis mit asiatischem Gemüse und Omelettstreifen, gebratener	138
Blumenkohl-Risotto mit Lachs und Garnelen	53
Blumenkohl mit Granatapfelkernen und Minze, gerösteter	46
Blumenkohl-Spinat-Tacos	56
Birnen-Mohn-Pancakes mit Schoko	27
Bounty, selbst gemachtes	69
Brokkoli-Kräuter-Aufstrich	107
Brombeer-Frischkäse-Aufstrich	105

C
Chili mit Blumenkohlpüree, schnelles	57
Chocolate Chip Cookies	90
Cloud Eggs mit Zucchini und Spinat, schnelle	111

E
Eier mit Tomaten und Speck, gebackene	141
Eiweißbrot, kleines	21

F
Fenchel-Radieschen-Salat mit Lachs	36
Fischfilet mit Asia-Salat, gebratenes	51
Fischfrikadellen	62
Fleischsalat, schneller	136
Frischkäse mit Tomate und Avocado	22
Frucht-Bowl mit Joghurtsauce	66
Frühstücksspiegelei mit Wurst	26

G
Gemüsesuppe mit Pilzen	144
Gemüsetorte mit Ricottacreme	124
Grünkohlsalat mit Avocado und Haselnüssen	47
Gurkensnack mit Hüttenkäse-Krabben-Topping, schneller	117

H
Hähnchenspieße mit Honig-Senf-Marinade	148
High-Protein-Beeren-Smoothie	80
Hüttenkäse-Salat	70

I
Ingwershots mit Apfel, Karotte, Spinat und Granatapfel, bunte	74
Ingwerwasser „Switchel"	78

J
Joghurt mit Mandeln und Kiwi	95

K
Kabeljau mit Bohnen und Senfsauce	43
Karamell-Walnuss-Eis mit Chai-Apfelmus	92
Karotten-Küchlein mit Rucolasalat	24
Karottensalat mit roter Zwiebel	128
Käsekuchen ohne Mehl und Zucker	91
Käse-Mandel-Bites	68
Keto-Overnight-Seeds mit Beeren und Kokos, vegane	18
Keto-Wraps mit Schinken und Pesto-Creme	59
Kichererbsen-Salat mit Gurke und Minze	140
Kirsch-Shake	76
Kokos-Fischcurry	38
Kokos-Himbeer-Shake, schneller	77
Kräuter-Windbeutel mit Trauben-Gorgonzola-Creme	71
Kräuteromelett aus dem Glas	116

L
Lammsteaks mit Brokkolini und nussiger Sauce	52
Lila Salat	137

M
Mandelmilch, heiße	82
Mandel-Quark-Brot	104
Matcha-Shake	76
Müsli-Quark-Hörnchen mit Trockenobst	64

O
Ofen-Wirsing mit Kräuterremoulade	50
Omeletts mit Cornichons	16
Orangen-Ingwer-Hähnchen mit grünem Gemüse, gedämpftes	147
Orangen-Karotten-Sorbet mit Ingwer	93
Overnight Oats mit Tomaten und Oliven, herzhafte	17

P
Pad Thai mit Gemüsenudeln und Erdnussdressing	146
Pak-Choi-Salat mit Schinken und Zitronen-Ingwer-Dressing	130
Paprika-Frittata mit Ricotta	132
Pastinaken-„Penne" mit Hähnchen und Rucola	37
Porridge mit Himbeeren und Kürbiskernen	113
Power-Riegel mit Feigen und Walnüssen	65
Protein-Waffeln	86

Q
Quarksoufflé mit Früchten	108
Quarkspeise mit Beeren	110
Quinoa-Süßkartoffel-Burger mit Halloumi-Buns	40

R
Ratatouille mit Lupinen und Blumenkohlreis	133
Ratz-Fatz-Salat	149
Rindersteak mit Süßkartoffelspalten und Salat	31
Rindfleisch-Salat mit bunten Tomaten	34
Rosenkohl mit Buttermilchdressing, gratinierter	142
Rosenkohlsalat mit Sprossen	121